汉语语法教学课件设计100例

赵俊峰　主　　编
黄晓颖　执行主编

商務印書館
SINCE 1897 The Commercial Press
2017年·北京

总　　监　左志强
总 策 划　李晓梅
主　　编　赵俊峰
执行主编　黄晓颖
副 主 编　李云霞　晏宗杰　吕　明

编　　者　（按音序排列）
常丽莹　常翊希　陈施露　樊效均
李云霞　刘文雯　吕　明　马颖慧
孙本成　王　丹　王宏迪　王亚楠
王雨薇　晏宗杰　张涵颐　朱晓敏

* 本书出版获中国华文教育基金会、完美（中国）有限公司资金支持。

前　言

《汉语语法教学课件设计100例》以《国际汉语教学通用课程大纲》为基本依据，将其中较为重要的语法点制作成教学课件，并配以具体的使用指导，旨在为汉语国际教育提供便利的资源。

一、适用对象

海内外的华文教师、对外汉语教师、国际汉语教师以及志愿者教师等所有从事汉语教育事业的工作者。此外，该课件与指导用书亦可作为学生深入学习理解汉语语法的自学教材。

二、主要内容

本课件涵盖了《国际汉语教学通用课程大纲》中的《常用汉语语法项目分级表》的六个级别中一百余个（将相近的语法点合并后，共93个）重要语法点。每个语法点都由教学课件和指导用书两部分构成，课件包括导入例示、知识演练、偏误纠正、综合强化、课后任务、相关扩展等几个部分；指导用书对课件使用给出了具体的说明。

三、主要特点

内容丰富，体系完整。本课件是一套全面而系统的语法教学课件及使用说明，资源性强。

规范教学，高效培训。本课件将每个语法点的相关知识较为全面地呈现了出来，有助于教师系统了解该语法点，以规范教学，避免教学中出现偏颇。它还对教师教学提供了十分具体的指导，包括怎样导入、怎样讲解、怎样操练、怎样纠正偏误、怎样进行小结、怎样布置作业等所有教学环节。课件按照教学过程来编排内容，可操作性极强，有利于迅速提高教师的汉语语法教学水平。

深入浅出，学生易懂。首先，本课件摒弃了艰涩难懂的语法术语，全部是从学生熟悉的事物或场景引出某个语法点，避免学生对语法知识望而生畏。其次，配有大量插图及动画，有助于学生从具体可感的形象中理解抽象枯燥的语法规则，提高学生对语法学习的兴趣。

形式灵活，使用方便。首先，每个语法点的课件都是相对独立的，教师可随意调取其中的任何一个使用。其次，所有的PPT课件都是可复制、修改的，便于教师根据教学所需调整、抽取、使用。

总之，《汉语语法教学课件设计100例》是广大从事国际汉语教育的一线教师迫切需要的资源。我们相信它能够为汉语语法的教与学提供极大的便利，有利于迅速提高教师的汉语语法教学水平，为培养海内外的汉语教学师资做出应有的贡献。同时，它也能丰富汉语学习资源，有助于学生更好地理解掌握汉语语法，进而提高其运用汉语的能力。

当然，由于编者精力、能力所限，本课件肯定存在着诸多不足之处，恳望其使用者提出宝贵意见。

课件使用建议

如何有效使用课件、提高教学效率，以下建议可供参考：

一、凡是练习都应在启发、引导学生说对后再给出答案。

二、所有例句都应尽量替换为贴近所在班级学生生活实际的信息，如人名、地名、气候、物价、学校环境等。

三、若课时允许，在学生完成“课后任务”后下次课最好让学生互相交流一下，可以同桌一组或若干人一组，最后可让某个学生介绍其他学生所说的内容。

四、每做完一个练习，都应进行及时强化，或个别说，或集体说。

五、所有练习指令都可由学生自己读。

六、有难度的练习，教师应先带着学生共同完成第一题的示范，再让学生自己独立完成其余习题。

七、“偏误纠正”部分可先给出偏误句，让学生试着自己纠正，并说明原因。若学生难以完成，教师可把相关的规则或格式再强调一下，让学生与其对照后找出问题所在。

八、练习中给出图片后，最好让学生先说一说相应的词语，给出词语后再让学生读一读。

九、书中的圆圈标号（①②③）表示该部分内容所对应的课件页码，可对照使用。

目录

词语类

补语类

句式类

“是”字句

“有”字句

“在”字句

名词谓语句

祈使句（表示礼貌请求）

疑问句

状语句

主谓谓语句

连动句

双宾语句

兼语句

比较句

“是……的”句

“把”字句

教学小贴士

你、我、他、她、您 1

教学目标 ①

学习并掌握人称代词“你”“我”“他”“她”“您”的用法。

导入例示 ②

出示图片，领读对话。

【提示】教师可以走到一个学生面前，说“你好”，也可以叫学生的名字，例如：“大卫，你好！”

知识演练 ③－⑮

③ **1. 你**

教师：学生对一个学生问好，老师对一个学生问好，这时用“你好”。（给出：你好！）

④ 教师：老师对学生问好时说“你好”，学生对老师问好时用什么呢？应该说“您好”。（给出：您）

⑤ **2. 您**

教师快速叫出某个学生的名字，并说“你好”，让学生快速说出“您好”。（给出：您好！）

> **操练 1 ⑥－⑧**
>
> 请两位同学完成后给出例句。
>
> 教师：两个人第一次见面问对方姓什么，可以这样说。（给出例句，让学生读一遍。）
>
> 【提示】教师应强调“您贵姓？”的回答一定是“免贵姓 ×”。
>
> **操练 2 ⑨**
>
> 教师：我们看这是两个人第一次见面，应该说什么呢？
>
> 【提示】请两位同学完成这个对话，然后给出答案。

⑩ **3. 我**

教师：这是谁？

学生：安妮。（给出例句，让学生读一遍）

教师：（指着自己）“我”指自己。我是老师。

> **操练 1 ⑪**
>
> 先让学生读出所给例子，然后再自我介绍。可以先让学生两人一组介绍，最后再交换语伴介绍。
>
> **操练 2 ⑫**
>
> 教师：我们看这个对话只有答句，应该怎样问呢？
>
> 请两位同学完成这个对话后给出答案，再让学生读两遍对话。

⑬ **4. 他**

教师：他是谁？

学生：王朋。（给出例句让学生读一遍）

教师：王朋是男的还是女的？

学生：男的。

教师：指男的我们用这个“他”。（给出下面的注释：男的）

⑭ **5. 她**

教师：她是谁？

学生：李友。

给出：她叫李友。

教师：李友是男的还是女的？

学生：女的。

教师：指女的我们用这个“她”。（给出下面的注释：女的）

> **操练** ⑮
>
> 教师：我们看这句话中应该填哪一个“tā”。
>
> 找学生到黑板上依次写出来，然后给出答案，再让学生读两遍。
>
> 【提示】教师一定要再次强调指男的用“他”，指女的用“她”。

偏误纠正 ⑯

1. 别人问你“您贵姓”时，不可以回答“我贵姓……”，只能回答“我免贵姓……”。
2. “您”只有单数用法，后面不可以加“们”。

综合强化 ⑰ - ⑲

练习 1：可让学生分组完成对话，并填空。要求学生注意“他”“她”“您”的用法，做完后两人一组再读一读。

练习 2：先让学生两人一组改，改好了以后找同学回答，并说明为什么。

要点梳理 ⑳

先给出例句，学生读一遍，再给出每个句子中的代词。

课后任务 ㉑

让学生读出所给例句，注意使用“你、我、他、她、您”。下节课让学生读出写完的作业。

相关扩展 ㉒

1. “它”用于非人类的单数第三人称代词。
2. 表示人物关系时，“的”要省略；而单数人称代词表示领属关系时，不能省略“的”。

你们、我们、他们、她们 2

教学目标 ①

学习并掌握“你们、我们、他们、她们”的用法：

1. 你们
2. 我们
3. 他们、她们

导入例示 ②

教师：你们好！

学生：您好！

【提示】其他的导入方法：可以用“你们是学生吗？”“你们是哪国人？”等，根据班级学生情况来导入。

知识演练 ③－⑫

③ **1. 你们**

教师：你是法国人吗？“你”是一个人。

（给出下面的注释：一个人）

你们是美国人吗？

（给出下面的注释：两个人或两个人以上）

教师对某一个人说“你好”，再对全班学生说“你们好”。

④ 教师（指着地图上的一个熟悉的地方）：你们知道这个地方吗？

学生：我们知道。

⑤ **2. 我们**

教师：我学习汉语。“我”是一个人。

（给出下面的注释：一个人）

我们学习汉语。“我们”是两个人或两个人以上。

（给出下面的注释：两个人或两个人以上）

教师指着自己说“我”，再指着自己旁边的学生说“我们”。

⑥（给出图片，让学生用“你们”问，“我们”来回答）

操练 ⑦－⑨

让学生先看答句再说出问句。

让学生三个人一组模仿对话，完成后再给出答案。

教师：他们是大学生吗？

学生：他们是大学生。

⑩ **3. 他们、她们**

教师：他们是学生。这幅图片里都是男生，这时我们用“他们”。

给出下面的注释：男的（两个人或两个人以上）

教师：她们也是学生，都是女生，这时我们用“她们”。

给出下面的注释：女的（两个人或两个人以上）

⑪ 教师：如果有男的也有女的，这时我们用“他们”。

给出下面的注释：他（们）+ 她（们）= 他们

（给出下面的图片和例句）

【提示】让学生注意观察这幅图片里有男生也有女生。

操练 ⑫

教师：我们看这幅图片里是男的还是女的呢？

学生：女的。

教师：所以我们用哪个“tā 们”呢？

学生：她们。

给出句子，再让学生读两遍。

【提示】先问学生图片中的人物性别，再填空。一定要强调都是男的用“他们”，都是女的用“她们”，有男的也有女的用“他们”。

偏误纠正 ⑬

1. 除亲属称谓外，单音节人称代词一般不能直接用于双音节词语前，所以，不能说“我学校”，只能说“我校”或“我们学校”。

2. 当两个人以上的群体里只有男的或有男也有女时，第三人称代词用“他们”；但只有女的，就必须用“她们”。

综合强化 ⑭

练习：可让学生分组填空，并完成对话。提醒学生注意第 2 小题中“他们”的用法。

要点梳理 ⑮

先让学生读一遍例句，再给出相应的人称代词。

课后任务 ⑯

先让学生读出所给例子，提醒学生注意使用所学习的“你们、我们、他们、她们”。下节课可让同学汇报写完的作业。

相关扩展 ⑰

“我们”可以指说话人，也可以指包括说话人一方的所有人；“咱们”用在口语中，包括“我们”和“你们”。

3 这、那

教学目标 ①

学习并掌握这/那的用法：

1. 这/那是……

2. 这/那＋量词＋是……

3. 这/那＋量词＋名词＋是……

导入例示 ②

教师拿起坐在第一排的某位学生的书，问该学生——

教师：谁的书？

学生A：我的。

教师：这是××的书。

教师仍站在教室前面，问最后一排的某位学生——

教师：这是谁的书？

学生B：××的书。

教师把书放在A的桌子上，走到学生B跟前。

教师：你最好说“那是××的书”。

教师再拿起学生B的书问他和学生A同样的问题。

【提示】“这”和“那”要重读。此外，还可以直接用“这是谁”“那是谁”来导入。

知识演练 ③－⑫

③ **1. 这／那**

教师：我们一起读这两个句子——这是教室。那是图书馆。

教师：这，表示近的东西，那，表示远的东西。（给出：这/那是……）

【提示】可以增加一些简单的操练，比如，教师指着黑板问后面的学生“这是什么？”，学生回答“那是黑板”。

操练1 ④

找学生说出正确句子，然后给出答案。教师也可以让学生随意拿出自己的物品，说一个句子“这是我的XX”，然后指着其他学生的物品说“那是他的XX”。

操练2 ⑤

准备：学生们拿出一些自己的物品放在讲桌上。从一个学生开始，轮流到前面去，任意选择另外一名坐在下面的学生用“这是什么”提问，被问的学生要用“那是……”回答。

⑥ **2. 这／那＋量词＋是**

教师分别拿着本子和杯子问学生 A、B，让学生回答，然后给出答句，领大家齐读。（给出：这 / 那 + 量词 + 是……）

> **操练 ⑦ ⑧**
> 学生根据自己与图片的距离来选择使用“这 / 那”。学生说出句子后，可全体学生齐读，再个别读。

⑨ **3. 这／那＋量词＋名词＋是……**

教师：我们看这幅图片，用“这”和“那”可以说出哪两个句子？

学生：这是汉语书。这本是汉语书。

教师：我们还可以说，“这本书是汉语书”。大家一起来读。学生一边回答老师一边展示句子。（然后给出：这 / 那 + 量词 + 名词 + 是……）

> **操练 ⑩**
> 学生根据自己与图片的距离来选择使用“这 / 那”。学生说出句子后，让全体学生齐读，再个别读，达到强化的目的。

⑪ **4. 这／那＋量词＋名词＋是＋……的**

教师：我们看这幅图片，可以怎么说？

学生：这是我的衣服。这件是我的衣服。

教师：我们还可以说，“这件衣服是我的”。大家一起来读。（给出：这 / 那 + 量词 + 名词 + 是……的）

> **操练 ⑫**
> 方法同前面的操练。教师可以利用学生自己的物品一边指一边说句子，两个人一组说或者接龙说。

偏误纠正 ⑬

1. 在“这 / 那 + 量词 + 是……”的句式中“是”后面不必再重复前面的量词。
2. 在“这 / 那 + 量词 + 名词 + 是……的”的句式中“的”后面不必再重复前面的名词。

综合强化 ⑭ 做练习之前，教师要再次强化相关规则，可以举例说明。

要点梳理 ⑮

给出知识点，让学生说出相应的句子，然后再给出例句，让学生读一遍。

课后任务 ⑯

要提醒学生准备照片，否则下次课的介绍无法进行。老师可以多准备几张照片，以备不时之需。

相关扩展 ⑰

注意引导学生找出“这儿”“那儿”和“这”“那”的不同之处，同时注意“来”“去”和“这儿”“那儿”的搭配：表示近指，应该用“来”，表示远指，应该用“去”。

年、月、日、星期 4

教学目标 ①

能够正确使用年、月、日、星期来表达时间。

导入例示 ②

教师：（指着日历上的年份）今年是——？

学生：2014。

教师：对，今年是二零一四年。（指着月份和日期）今天是 3 月 10 号。

教师带着学生读几遍这两个例句。【提示】教师要准备好一个当年的日历。

知识演练 ③－⑬

③ 1. 月、日 / 号

教师：大家看，这是 2 月 20 号，（指下面的日期）这是几月几号？

学生：1 月 1 号。

以此类推，让学生读出给出的日期。

教师：今天是几月几号？

学生：今天是 × 月 × 号。（根据实际时间回答）

【提示】可让学生接龙问答前天、明天、后天是几月几号。还需要注意提醒学生每次都用“几月几号”提问，不要用“……呢”来代替。在讲解“日 / 号”时，强调两者都可以用，意思相同，口语中常用“号”。

操练 ④⑤

两人一组，一个人指，一个人说。然后，互换问答。

操练 ⑥

由于前面已有类似的练习，让学生之间互问互答即可。

⑦ 2. 年

教师让学生先试着读一读。然后老师领读，学生齐读。

【提示】告诉学生只要读出单个数字即可，不能读成“千百十”。

操练 ⑧

可采用个别读、集体读、点读等多种形式。

操练 ⑨

先让学生读一读“今年、去年、明年”等词语。然后互问互答。

【提示】表格中的年份要以当年的年份为基准进行灵活替换。教师找一个学生进行问答示范后，学生两人一组互问互答或接龙问答。

操练 ⑩

除了图上标注的日期外，可随意利用其它日期做该项练习。

【提示】教师最好准备几张不同年份不同月份的日历，学生每组一份。一个学生说出某个日期，另一个学生听后找出该日期，或听后写出该日期，写完以后，两个学生再一起看写得对不对。然后互换。

⑪ **3. 星期**

教师：这是“星期”，大家一起读星期一。（指着后面的星期）这是——

学生：星期二、星期三、星期四、星期五、星期六、星期日。

教师：“星期日”我们也说“星期天”。今天是星期几？

学生：今天是星期 ×。【提示】教师可让学生间互问互答：前天/明天/后天是几月几号，星期几。

操练 ⑫

教师：这是课程表。看看我们星期一上午有什么课？

学生：听力和口语。

教师：星期几有汉字课？

学生：星期五。

教师：星期几有阅读课？

学生：星期二。

教师：你们最喜欢星期几？为什么？

学生：……

学生两人一组，仿照以上对话互问互答。

⑬ 跟学生强调，表达时间的时候，一定按照“_年_月_日星期_”的顺序，从大到小。

偏误纠正 ⑭

1. 表示年份时，要说“去年”，表示“天”的时候，说“昨天”。
2. 汉语中，表示日期要从大到小，即：X 年 X 月 X 日。

综合强化 ⑮ ⑯

练习 1：也可以让学生抽完后直接说出上面的生日。

练习 2：先熟读这些节日名称，然后再互问互答。教师可以根据学生国籍准备更多相关的节日图片。

要点梳理 ⑰

给出“× 年 × 月 × 日”和“星期 ×”，让学生再说一遍今天、昨天、明天、前天、后天的年月日和星期。

课后任务 ⑱ 老师可以先介绍自己的生日，然后让学生仿照例子写，下节课同学之间接龙问答。

相关扩展 ⑲

注意：介绍中国传统节日时要告诉学生“农历”和“公历”时间的差别，用中国日历展示给学生看。

__点__分/差__分__点/刻、半 5

教学目标 ①

学习并使用“点、分”表达时间：

1. __点__分
2. __点半
3. 差__分__点
4. 差__刻__点

导入例示 ②

教师：（指着第一幅图问）现在几点？大家一起说“七点”。

学生：七点。

教师指着每个时间让学生齐读两遍。

【提示】教学时，教师应提前准备一个可以自由调整时间的教具钟表。

知识演练 ③－⑬

③ 1.__点__分

教师利用教具给出整点时间，告诉学生整点时间直接在数字后加“点”。若不是整点，则使用“× 点 × 分”来表达时间。

操练 ④⑤

教师：现在几点？

学生：现在九点二十五分。

教师：很好，现在是九点二十五分。（给出正确答案）

引导学生接龙问：

学生 1：现在几点？

学生 2：现在十点零八分。

教师：很好，大家一起说：现在是十点零八分。（给出正确答案）

学生 2：现在几点？

学生 3：现在两点。

教师此时要强调“2 点”不能说成“二点”，应该读成“两点”。

【提示】教师利用教具再给出几个时间，让学生用“__点__分”说出来。学生每说出一个时间都应再重复一遍。

⑥ 2.__点__刻

教师：现在几点了？

学生：两点十五分。

教师：对，现在是两点十五分，我们还可以说，现在是两点一刻。（给出文字）

【提示】教师强调只有“一刻”和“三刻”，没有“两刻”。

⑧ **3. __点半**

教师：现在几点了？

学生：四点三十分。

教师：对，现在是四点三十分，我们还可以说，现在是四点半。（给出文字）

> **操练 ⑨**
>
> 可让学生互问互答。

⑩ **4. 差__分__点**

教师：现在几点了？

学生：十一点五十五分。

教师：很好，现在是十一点五十五分，我们还可以说，现在差五分十二点。（给出文字，让学生再读两遍）

> **操练 ⑪**
>
> 让学生快速回答，然后给答案，齐读一遍。
>
> 【提示】最好利用教具多给出一些时间，反复操练。告诉学生差20分钟以上，一般不用“差”来表示，直接用“分”来表示。

⑫ **5. 差一刻__点**

教师：现在是几点？

学生：差十五分八点 / 七点四十五分。

教师：十五分是一刻，所以我们还可以说——

学生：差一刻八点。

（给出文字，一起再读一遍）

> **操练 ⑬**
>
> 可以让学生比一比，看谁说得又快又准。

偏误纠正 ⑭

1.“差”一定要放在“点”的前面，说成“差__刻 / 分__点”。

2. 表示“点”的时候，要说“两”，不能说“二”。

3. 只有一刻和三刻，没有二刻，要说“__点半”。

综合强化 ⑮－⑱

练习1：两人一组互问互答，教师及时给出指导。

　　学生1：现在几点？

　　学生2：现在……

练习2：可分组比赛，每组轮流派一人读出全部时间，对一个加一分，看哪组对的最多。

练习3：学生两人一组快速问答，在学生练完后教师可以随机抽查学生练习情况。

练习 4：两人一组练习每日生活中常用的作息时间，教师要强调时间用在动词的前面。学生练完后可以用接龙问答的方式来检查练习情况。

要点梳理 ⑲

先给出某种时间的表达法，然后利用教具钟表进行相应的操练、巩固强化。

课后任务 ⑳

提醒学生在汇报自己的一天时，要说出完整的句子，时间在前，不可以把时间放在句子的最后。

相关扩展 ㉑

要注意让学生写出完整的句子，下次课可以让两个学生互相问答或采取接龙问答的形式交流一下。

教学小贴士

制作 PPT 应注意些什么？

1. 不要滥用文本框，因文本框改起来比较麻烦。
2. 尽量用楷体，因楷体更接近手写体，可对学生汉字书写起到示范作用。
3. 每页的容量要适宜，内容过多，信息量太大，让学生一看就头疼；内容过少，容易破坏内容的完整性，也无形中增加了 PPT 的页数。
4. 图片应选择像素较高的，而且应点击放大后再粘贴，这样更清晰。
5. 图片应做适当加工，运用工具中的“裁剪”、美图秀秀等将冗余的信息去掉，以突出主旨，也可更清晰、美观。
6. 同一页面的多幅图片应和谐，要考虑到风格、大小、色彩等要素，如：若选择动漫风格就都选动漫图片，要选写实风格就都选写实图片。
7. 图片上的信息与要表达的内容吻合度越高越好。如：要表达“他学会了游泳”，若只给出一个人游泳的图片，与“他学会了游泳”的吻合度就不高；若给出两幅图，一幅是“他”在用游泳圈游泳，一幅是“他”没用游泳圈游泳，展示出“学会了”的过程，吻合度就高多了。

元（块）、角（毛）、分 6

教学目标 ①

学习并使用“元（块）、角（毛）”正确表达钱数。

导入例示 ②

教师：（举起 5 元钱）大家看，这是多少钱？

学生：5……

教师：这是五块钱，再看这是多少钱？

学生：10 块。

【提示】教师应提前准备好各种面值的人民币，以方便教学与操练。

知识演练 ③ – ⑪

教师边向学生展示如下人民币，边领读 × 元。

1 / 5 / 10 / 20 / 50 / 100 元 / 块

教师向学生说明口语常用“块”。

操练 ⑨

教师随机指向某张人民币，让学生快速说出其面值。

【提示】教师可把两张或两张以上的纸币放在一起让学生快速说出一共是多少钱。

⑩ 教师：大家看，这是一块钱，这个是一角钱。十个一角钱是一块钱。

（给出：1 元 / 块 = 10 角 / 毛）

教师向学生说明口语常用“毛”。

操练 ⑪

教师随机拿起一枚硬币，让学生快速说出其面值。

【提示】教师可把两枚硬币放在一起让学生快速说出其相加之和。

偏误纠正 ⑫

1.“二”和“两”都表示数字 2，读法却不相同，一般情况下，我们读作“二”，但在“元 / 块、角 / 毛、千”前面的时候，我们要读作“两”。

2. 读钱数的时候“角”或者“分”在整块钱后面时可以和“钱”一起省略，不省略“钱”时一定不能省略“角”或者“分”。

【提示】利用人民币多操练“二”和“两”在钱数中的读法。

综合强化 ⑬ - ⑯

练习 1：教师先带着学生做一遍问答例示，然后，两人一组完成其他问答。

练习 2：可用比赛的形式，看看谁说得又快又准。

要点梳理 ⑰

先给出人民币的单位，再给出一个钱数，让学生读。

课后任务 ⑱

若在海外教学，教师可向学生提供一个可靠的中国购物网站的网址。要求学生至少找出五种以上商品的价格。

相关扩展 ⑲

可根据学生的国别来扩展一些外币的汉语说法及其对人民币的汇率。

基数词 1-99 7

教学目标 ①

学习并掌握 100 以内数字的读法。

导入例示 ②

教师带着学生一边做出表示数字的手势，一边读出相应的数字，以引起学生的兴趣。

知识演练 ③-⑭

③ 1.1–10

教师：跟着老师读：1,2……10。（一边读一边给出拼音）

【提示】可以先学前五个数，然后再学后五个数。可以使用的方法有：正着读，倒着读，男生读，女生读，跳读，齐读，个别读等。

④ 教师：你们知道 1 到 10 的汉字是什么吗？（给出汉字，让学生认读，方法同上）

操练 1 ⑤

教师：我们先读一下这些拼音。

教师：谁想来写写这些数字？

找两名学生到黑板前面写数字，其他学生写在纸上。

教师：我们看黑板上的数字，有错的吗？

如果有错误的，叫学生到前面改正。

操练 2 ⑥

方法同练习 1，目的是让学生认识数字对应的汉字，为后面的学习打下基础。

操练 3 ⑦

教师：看图片，我们一起来数一数。

⑧ 2.11–19

教师：跟老师一起读：11，12，13……19。（可以使用的方法同 1–9）

（给出：shí +N）

操练 ⑨

根据学生人数决定每个人分到几张数字卡。

操练 ⑩

可以根据学生人数换数字后多练几次或学生分成两大组分别练习。

⑪ 3.20，30……100

教师：跟老师一起读：20，30……90。（可以使用的方法同上）

（给出：N+shí ）

教师：“100”读“yì bǎi”。

> **操练 ⑫**
> 先让个别学生读数字，然后齐读，强化读音。

⑬ **4. 21—99**

用个别提问的方式检测学生能否猜出数字的读法。

教师：我们一起来读读这些数字。

> **操练 ⑭**
> 先读图片上的数字，读熟后，进行“N+2”的游戏。

偏误纠正 ⑮

1. 从 10 到 19 读作“shí”或“shí N”，前面不能加“yī”。
2. 从 21 开始的不是 10 的倍数的双位数，不能直接读数字，中间必须加上“shí”，“21”不能读作“èr yī”，而应该读作“èr shí yī”。

综合强化 ⑯－⑱

可以事先准备计时器，根据班级学生人数和上课时间控制做每道题的时间。

练习 4：可以采取比赛的方式，学生全体起立，说出“7”的算错，退出游戏，坐下。不断地加快数数的节奏，站到最后的人获胜。

练习 5：教师要根据学生人数想好每次要说的数字，保证每次都有学生不能找到组。也可以准备一点儿小礼物作为奖品。

要点梳理 ⑲

先让学生自己试着数数，然后再给出几种数字的读法。

课后任务 ⑳

教师要先领着学生读一读，让学生熟悉汉语的读法。下次课要复习检查一下。

相关扩展 ㉑

在电话号和房间号等数字中“1”一般读作“yāo”；“2”后面有量词时，一般读作“liǎng”。

8 个、名

教学目标 ①

学习并掌握“个”和“名”的用法及区别。

导入例示 ②

教师：我们来看这幅图，大家跟我一起读，“他有一个妹妹”“他爷爷是一名教授”。你们知道这两个句子里的“个”和“名”有什么不同吗？

知识演练 ③－⑧

教师：我们来看这幅图，（指着图片中的人物进行介绍）这是爸爸，这是妈妈，这是姐姐，这是弟弟。他们家有几个孩子？

学生：他们家有两个孩子。（给出例句）

教师（指着弟弟）：他有？

学生：他有一个姐姐。（给出例句）

教师（指着姐姐）：那她呢？

学生：她有一个弟弟。（给出例句）

教师：我们一起来读这三个句子。

（读后）教师：我们看，“孩子”“姐姐”“弟弟”都是表示人和人的关系的，这时只能用“个”，不能用“名”。

④ 教师：我们来看这四幅图片，是什么东西？

学生：西瓜、书包、沙发、手机。

教师：我们一起来读这四个句子。

（读后）教师：西瓜、书包、沙发、手机，这些都是东西，这时也只能用“个”，不能用“名”。

⑤ 教师：我们来看这四幅图片。他们是什么人？（用个别提问的方式让学生理解图片内容）

学生：医生、老师、司机、歌手。

教师（指着第一幅图片）：他是一名医生。那他们呢？（“名”要重读，用个别提问的方式）

学生：她是一名老师。

他是一名司机。

她是一名歌手。

教师：我们一起来读这四个句子。

医生、老师、司机、歌手，这些是人的职业，这时用“个”和“名”都可以。

教师把“名”换成“个”后领学生读几遍。

⑥ 教师：我们一起来看一下，“个”和“名”的用法。用在“东西”前面的是哪个？
学生：个。
教师：用在人和人的关系前面的呢？
学生：名。
教师：“个”和“名”什么时候都可以用？
学生：老师、司机……

操练 ⑦⑧

先让学生说出图片上人物的职业或关系，然后再说句子。

【提示】在做“四个朋友”这一小题时，即使学生答对了，也要问问学生可不可以用“名”；“老师”和“学生”为什么既可以用“个”，也可以用“名”。

偏误纠正 ⑨

人物关系前只能用“个”，不能用“名”。

综合强化 ⑩－⑫

练习1：先熟读这些词语；让学生快速说出哪些只能用“个”，哪些用“个”和“名”都可以。还可以让学生分别用这些词语说出一个完整的句子。

练习2：给出全部句子，让学生一次性全部做出来。然后可以让学生依次读出填好的句子。每个读句子的同学都要说明为什么要填这个词或这两个词。

练习3：两人一组，轮流介绍，然后让个别同学到讲台前去介绍。

【提示】分组时应考虑到学生的水平尽量均衡一些。

要点梳理 ⑬

先让学生试着说一说这两个量词的使用规则，什么词语“个”和“名”都可以用，什么词语只能用“个”和“名”其中的一个，然后给出规则及例句。

课后任务 ⑭

要求下次课交流一下。

【提示】可以再让学生用“个”和“名”介绍三个班里同学不认识的人。

相关扩展 ⑮

“位”可以表示人物职业和身份，但只表示尊敬的语气，所以不能用于贬义词前。

9 件、条、双、张、把、块、斤

教学目标 ①

1. 熟练掌握常用名量词的搭配关系
2. 了解常用名量词的特点

导入例示 ②

教师：（指着图片）这是什么？

学生：书和咖啡。

教师：多少？

学生：三……

教师：这是三本书和一杯咖啡。这里的“本”“杯”就是量词。

【提示】1. “本”“杯”要重读。2. 其他导入方法：也可以用笔、手机等来导入。

知识演练 ③-⑨

③ 1. 件／条／双

教师（展示图片）：同学们看看，这些是什么？

学生：衣服、裤子、鞋。

教师：非常好。那“书”是“一本书”，用“本”，你们知道这些词应该用什么吗？

教师先让学生试着说一说，然后再给出量词：一件衣服、一条裤子、一双鞋。

教师：这里的“件、条、双”，都是量词。（给出：件、条、双→量词）

操练 ④⑤

说出后可以采用问答形式让学生两人一组做对话练习。

⑥ 2. 张／把

教师：大家看这些是什么？

学生：床、桌子、椅子。

教师：对。它们的量词是什么呢？

给出：一张床、一张桌子、一把椅子

操练 ⑦

找学生快速说出，然后再领读。

⑧ 3. 块／斤

教师：大家看看，这些好吃的东西，都是什么呀？

学生：巧克力、蛋糕、苹果。

教师：它们的量词是什么呢？
学生：……
（给出：一块巧克力、一块蛋糕、一斤苹果）

> **操练** ⑨
> 可将学生分成几组，然后每组派出一名学生，比一比看谁说得又快又好。

偏误纠正 ⑩

教师让学生注意两点：一是汉语里有些东西可以用“个”，也可以用自己的量词，但有些东西只能用自己的量词，如衣服、巧克力、鞋等；二是汉语的量词非常重要，一般情况下，只有数词没有量词是不可以的。

综合强化⑪－⑬

练习 1：先让学生熟读这几个词语，再启发学生用刚刚学过的量词，猜出这几件物品的量词，猜对后再给出答案。
练习 2：教师可先让学生全体说，再让学生个别说；可先按照顺序说，再随意点读。
练习 3：教师必须提前准备好两种卡片：一是写有常用量词的卡片，二是相应的物品的图片。注意颜色要鲜艳，形象要清晰，最好让学生围成一圈儿，以便都能看到彼此的卡片；或学生逐个到前面举起自己的卡片。找到朋友的人，要把两张卡片放在一起，大声说出他们组成的短语，如“一张桌子”，待所有人都找到朋友后游戏结束。
【提示】有的人不止一个“朋友”，因为有的量词可以用于多种物品。

要点梳理 ⑭

每个物品可以先让某个学生说出量词，再让大家一起说，说对后给出答案。

课后任务 ⑮

要求学生写出来，下次课交给老师。还可以两人一组互相介绍一下自己房间。

相关扩展 ⑯－⑲

教师注意引导学生思考量词与其搭配的名词之间的关系，尽量让学生把握其形象性特点，做到举一反三，如用量词“把”的一般是能用手把握的东西，用量词“条”的一般是细长形状的东西等。

能、会 10

教学目标 ①

学习并掌握能愿动词“能”和“会”的异同：

1. “能”和“会”都表示能力，但是“能”可以表示能力达到一定水平及能力的恢复，“会”不可以。“能”强调善于做某事的量，而“会”强调善于做某事的技巧。
2. “能”和“会”都表示可能，但是“能”强调客观可能性，“会”可以表示消极的可能。

导入例示 ②

教师：他会开车吗？

学生：会。（他会开车）

教师：他能开车吗？

学生：能。（他能开车）

【提示】其他导入方法：你会/能游泳吗？你会/能打乒乓球吗？

知识演练 ③－⑱

③ 1. “能”和“会”表示有能力

教师：我们看这幅图片，他在做什么？对，他在做饭，那他会做饭吗？

学生：他会做饭。

教师：他能做饭吗？

学生：他能做饭。

教师：这里的“能”和“会”的意思一样。

（给出：“能”和“会”都表示有能力）

操练 ④⑤

学生抢答正确后集体重复一遍。

教师：他一分钟能游30米。（给出例句，齐读一遍）但是，我们不能说“他一分钟会游30米”。

（给出：表示量化的能力水平时，只能用“能”，不能用“会”）

操练 ⑥⑦

集体作答再个别提问。

【提示】可以适当增加一些操练，如：我一分钟能写10个汉字；我5分钟能吃10个包子……

教师：他的嗓子疼，不能唱歌了。那现在他的嗓子好了，所以我们可以说“他又能唱歌了”。（给出例句，齐读一遍）但不能说“他又会唱歌了”。

（给出：表示能力的恢复，应该用“能”，不可用“会”）

操练 ⑧ ⑨

教师：她的腿受伤了。现在呢？我们应该怎么说呢？（给出两个句子，让学生判断对错，并说明原因）

教师：看这两个句子“她很能唱”和“他很会唱”。这里的“能”和“会”都表示善于做某事。但是要注意“能唱”是说可以唱很长时间，强调的是数量；“会唱”是说唱得好，强调的是技巧。

操练 ⑩

教师：我们看这幅图，前面是她化妆前，后面是她化妆后。这说明什么呢？（给出两个句子，让学生判断对错，并说明原因）

操练 ⑪

提醒学生这两幅图片都是强调数量多，所以都应该用“能”。

⑫ 2.“能”和“会”表示推测出的可能性

教师：这个女孩儿在等人。已经很晚了，她可能在想“他会来吗？他能来吗？”这里用“能”和“会”都可以，表示推测出的可能性。

操练 ⑬

学生做对后，教师要强调在这两个句子里用“能”和“会”都可以，都表示推测出的可能性。

⑭ 教师：“能”和“会”都可以表示有可能，不同的是在强调客观的、确定的可能性时，要用“能”。我们看这幅图片。雾这么大，飞机能起飞吗？

学生：不能起飞了。

教师：对，肯定不能起飞了。这个手机坏了。还能用吗？

学生：不能用了。

（给出：“能”强调客观的、确定的可能性）

操练 ⑮ ⑯

学生做对后，教师强调一个是病得很厉害，一个是受伤了，其结果“不能上班”和“不能参加比赛”是很确定的，所以，要用“能”。

教师要先让学生熟知“受伤”这个词，再做句子。

⑰ 教师：看这幅图，酒后开车，怎么样？

学生：很危险。

教师：对，“酒后开车会出交通事故的”，不可以说“酒后开车能很危险”。但如果用反问句是可以的，“酒后开车，怎么能不出交通事故呢？”

【提示】表示消极的可能，常用“会……的”形式的陈述句，这时不可用“能”替换；但若用反问句式是可以的。

操练 ⑱

教师要强调“感冒”是一种消极可能，所以，用“会……的”。

偏误纠正 ⑲

1. 表示能力恢复，用“能”，不可以用“会”。
2. 强调客观可能性，用“能”。
3. 一般用“会……的”表示确定的、消极的可能，所以，不可以说“你能生病”。

综合强化 ⑳ ㉑

练习 1：让个别学生做，每做对一道题，给出该题答案。

练习 2：将全班分成两个大组，轮流派一人说一个句子，组内不得重复，要记下每个人说的句子，看哪个组的学生更厉害。

【提示】教师要提醒学生必须说真话。

要点梳理 ㉒

先说“能”和“会”的相同点，再说不同点，每一点都让学生举例说明。

课后任务 ㉓

注意使用“能”和“会”的不同用法，下次课同桌间可互相交流一下。

相关扩展 ㉔

“可”表示情理和环境上的许可、值得；“能”“会”表示估计和推测，这些时候它们不能互换。

可以 11

教学目标 ①

学习并掌握“可以”的用法：

1. 表示能够或者可能
2. 表示某种用途
3. 表示请求允许
4. 表示建议

导入例示 ②

教师：我们的教室能坐多少个学生？

学生：能坐 20 个。

教师：这里的“能”换成“可以”也行。

【提示】其他导入方法：你们可以看中文报纸了吗？

知识演练 ③ – ⑪

③ 教师：我们一起读一遍这两个句子。（读后）这里的“可以”和“能”一样，表示能够或者可能。

（给出：可以$_1$表示能够或可能）

> **操练 ④**
>
> 这两个小题有一定难度，教师可以先用“能”说明图的意思，然后，再让学生改用“可以”说句子。

⑤ 教师：看看她们的衣服是什么做的？

学生：报纸。

教师：对，报纸可以做衣服（给出此句）。这就是“可以”的第二个意思，表示有某种用途，也就是什么东西能用来做什么。

（给出：可以$_2$表示有某种用途）

> **操练 ⑥**
>
> 教师：手机能做什么？用“可以”怎么说？
>
> （待学生说对后，给出例句）
>
> 【提示】此题可让学生自由发挥，说说手机的其他功能，比如可以上网、拍照等。

⑦ 教师：我们看这幅图，读一下这个句子。（读后）这里的“可以”是表示请求、允许的意思。

（给出：可以$_3$表示请求、允许）

> **操练** ⑧ ⑨
> 可两人一组，提问并说出答句。
> 【提示】不必拘泥于答案，只要用上“可以”且语法正确即可。

⑩ 教师：我不知道做什么运动好，你跟我说“慢跑对身体很好，你可以试试”。
（给出例句 1，让学生齐读一遍）
教师：现在我想去旅游，可是不知道去什么地方好。
（给出第二幅图片）
你去过西藏，觉得那儿很美，想让我去那儿，怎么说呢？
（给出例句 2，让学生齐读一遍）
教师：这两个句子里的“可以”是表示建议的。
（给出：可以 $_4$ 表示建议）

> **操练** ⑪
> 可采用个别抢答方式。

偏误纠正 ⑫

1. 由于客观原因，无法做某事时，应该用“不能”，而不用“不可以”。
2. 表示建议别人做某事时，只能用“可以”，不能用“能”。

综合强化 ⑬ ⑭

这个练习有难度，可以让学生四个人一组先讨论，然后两人一组分角色完成对话。最后可将全班分为两个大组再分角色读一遍对话。
【提示】可以适当做一些扩展练习，学生轮流提出一个不知道怎么办的问题，大家给他提出建议，如：“我想给朋友买个生日礼物，买什么好呢？”“这个周末我想去看电影，看什么电影好呢？”

要点梳理 ⑮

每给出一个用法，先让学生说出相应的句子，再给出例句。
【提示】强调除了“建议”，其他用法都可以用“能”。

课后任务 ⑯

1. 让学生读一遍例句，并试着说说每个“可以”的用法及意义。
2. 要求学生尽量用上“可以”的不同意思。

相关扩展 ⑰ ⑱

“能”表示“善于做某事”和“推测、估计”的时候，不能换成“可以”。
告诉学生有的句子用“能”和“可以”都对。

应该 12

教学目标 ①

学习并掌握“应该”的用法：

1. 表示理所当然
2. 表示事理上的推测

导入例示 ②

教师：看这幅图片，天越来越冷了，我们要怎么做呢？（给出例句）

学生：多穿衣服。

教师：学习汉语，我们要怎么做呢？（给出例句）

学生：多听、多说、多写。

【提示】也可以由“要考试了，我们要怎么做”导入。

知识演练 ③–⑧

③ 教师（先齐读一遍例句）：这里的“应该”表示从道理上当然要怎样。

（给出：应该$_1$　要……）

> **操练 ④⑤**
>
> 学生回答有困难时，教师可适当提示：“……的时候，我们要怎样？”当学生用“要”时，教师应指着指令上的“应该”二字，让学生改用“应该”来说。

⑥ 教师：我们看 A、B 的对话，这里的“应该”是表示可能怎样。

（给出：应该$_2$　可能……）

> **操练 ⑦⑧**
>
> 教师：她每天都不迟到，可是今天迟到了，看看这幅图，她可能怎么了？用“应该”怎么说呢？
>
> 可让个别学生回答，答对后再全体说一遍。

偏误纠正 ⑨

1. 表示事理上的推断，往往用“应该”，不能用“要”。
2. “应该”可用于反问句，“要”则不可以。

综合强化 ⑩

练习 1：根据班级人数将学生分成若干小组，比一比哪个组做得又快又好。

【提示】按做完的先后顺序每组派一个人读出他们完成的句子，教师应边听边记下错误的句子，待每个小组都说完后，教师进行点评。

要点梳理 ⑪

每给出一个用法都让学生说出相应的句子，然后给出例句。

课后任务 ⑫

教师布置完作业后，可说“这是今天的作业，我们怎么样”，带着学生一起说出“应该好好写”。

相关扩展 ⑬

“该”有推测未然情况的用法；“应该”只用于推测已然的情况。

“该”一般不能单独作为答句使用。

愿意 13

教学目标 ①

学习并掌握"愿意"的用法：

1. 愿意——喜欢并同意（做某事）

2. 不愿意——不喜欢并不同意（做某事）

导入例示 ②

教师：你们喜欢学习吗？父母让你们学习汉语，你们同意吗？

学生：我们喜欢学习，我们同意学汉语。

教师：你们喜欢做家务吗？妈妈让你做家务，你同意吗？

学生：我喜欢做家务，我同意做家务。

【提示】1. 可让学生分别回答，因每个学生的回答可能不一样。2. 其他导入方法：问学生是否喜欢运动或看电影等。

知识演练 ③－④

③ 教师：这里的"喜欢……，同意……"可以换成一个词"愿意"。相反，不喜欢并且不同意做某事，就可以说"不愿意"。

（给出："喜欢＋同意"……＝愿意；"不喜欢＋不同意"……＝不愿意）

操练 ④

这道题有一定难度。第一幅图教师可给出如下提示：

教师：我们来看这幅图，这个男的手里拿着一个戒指，他在求婚呢。那他对这个女的可能说什么呢？

第二幅图教师可给出如下提示：

教师：这个小男孩想让小女孩跟他一起玩，他可能对小女孩说什么呢？

【提示】这两个练习完成后，都可让一个男生和一个女生一组再分角色说一遍对话。

偏误纠正 ⑤

1. "着"不放在能愿动词后，而应该放在动词后。

2. 能愿动词"愿意"的后面应该接动词，不可直接加名词。

综合强化 ⑥⑦

练习 1：让学生依次做题，若是对的，则集体读一遍句子；若是错的，让学生尝试改正。

练习 2：教师应根据班级人数多给出一些备用词语，如：打篮球、看电影、去图书馆等。

要点梳理 ⑧

教师："喜欢并且同意"用一个词怎么说？

学生说出"愿意"后，教师再给出例句。

教师：那"不喜欢也不同意"用三个字怎么说呢？

学生说出"不愿意"后给出例句。

课后任务 ⑨

下次课在全班面前说一下自己愿意做的事和不愿意做的事，一个人说完后，若有跟他一样的就接着说"我也愿意……"或"我也不愿意……"。

相关扩展 ⑩

"愿意"表达的是动作者自己的想法和愿望，"同意"的对象是别人的意见、建议或看法。

教学小贴士

常见的提问形式有哪些？

1. 教师向一人或几人提问。
2. 学生向一人或几人提问。
3. 教师向全体学生提问，学生自愿作答。
4. 教师向全体学生提问，让学生集体作答。
5. 学生向全体学生提问，学生自愿作答。
6. 学生向全体学生提问，让学生集体作答。
7. 以学生的座次为序提问。
8. 以学生汉语水平高低为序提问。
9. 以国别为序提问。
10. 以学生的性别为序提问。

其中"以学生汉语水平高低提问"要慎用、少用，较易的问题应先让水平较低的学生回答；较难的问题也未必总是让水平高的学生先答。否则，会无意间给学生分出了等级的高低。

14 很、非常、真、太

教学目标 ①

1. 了解并掌握“很”“非常”“真”“太”的用法
2. 了解“很”“非常”“真”“太”的差别，并能正确使用

导入例示 ②

教师（指着图片）：她的书多吗？

学生：多。

教师：是啊，她的书非常多。那你们看她高兴吗？

学生：高兴。

教师：对，她很高兴。这里有一个“非常”，一个“很”，我们再看下面一些句子。

【提示】其他导入方法，也可以根据天气或教室里的物品、学生人数等，随机提出一些问题，回答时用上“很”或“非常”即可。

知识演练 ③－⑩

③（给出：1. 很、非常＋形容词／动词）

教师：我们先读一下这两个句子。（学生读完）好，再读一下红色的词。

学生：很、非常。

教师：再看它们后面有什么词呢？对，形容词。

④ 教师：我们再读一下这两个句子。（学生读完）好，再读一下红色的词。

学生：很、非常。

教师：再看它们后面有什么词呢？对，动词。也就是说，“很”和“非常”的后面可以是形容词也可以是动词。

操练 ⑤⑥

给出图和提示词，通过问“今天冷不冷？明天呢？”“他们的头发长不长？”来引出话题，让学生用上“很”或者“非常”。

⑦ 教师：你们说今天的天气怎么样？（教师指着太阳的图片）

学生：很好、非常好。

教师：对，我们还可以怎么说？

给出例句，并用较为夸张的语气读出来。

（给出：2. 太／真（程度副词）＋形容词／动词）

要强调“真……啊”“太……了”的搭配。

操练 ⑧

（给出图后）教师：有的汉字就是一幅画，天上的水就是“雨”；很多木就是“林”。（还可以画山、水、日、月、人、目等象形汉字。）

教师：汉字有意思吗？（然后引导学生说出以下两个句子）

学生：汉字真有意思啊！汉字太有意思了！

⑨ 教师：现在我们看看天气预报。我们可以说“昨天不热，今天不太热，明天很热”。（给出：3.“不 + 形容词 / 动词”和“不太 + 形容词 / 动词”）

操练 ⑩

先让学生两人一组将答案写在本子上，然后用接龙的方式，一个学生读原句，下一个学生说出否定句。待学生全部做完以后，给出答案。

偏误纠正 ⑪

1.“太”在表达程度深的感叹时，可以表达两种感情倾向：一是积极肯定的，二是消极否定的。“太”后面没有“了”时，常常表达消极的、否定的态度，表示过分、不如意。而“太……了”既可以表达消极的、否定的态度，又可以表达积极的、肯定的态度。

2. 只有“很、非常”可以出现在定语位置上，“真、太”都不能做定语。

综合强化 ⑫－⑭

练习 1：先让学生观察所给句子的结构特点，然后再选择最合适的词语，如句中是否有语气词“啊”“了”，是否在定语的位置上等。

练习 2：让学生每人说出一个句子。

练习 3：让学生先分组做，然后再逐个让小组回答，并说出理由。

要点梳理 ⑮

常用程度副词的用法，需要注意的是主观、客观、语气强弱、好恶色彩、常用搭配词语等。可以边复习边对比说明。

课后任务 ⑯

如果时间允许，可以在课上分组练习，先说后写。

如果时间不够，可以留课后作业，让学生以书面作业的形式完成作业。

相关扩展 ⑰

形容词做谓语一般要用“很”，“很”不重读，没有程度高的意思。若不加“很”，便含有比较的意味。

也 15

教学目标 ①

学习并掌握“也”的用法及其否定形式：

1. 也 + 动词短语

2. 也 + 不 + 动词短语

导入例示 ②

教师：丽娜是老师吗？李伟是老师吗？

学生：是。

教师：那么，我们可以这样说“丽娜是老师，李伟也是老师”。

【提示】1. “也”要重读。2. 老师的名字可根据实际情况进行替换。3. 其他导入方法：可利用学生的国籍、性别、衣服颜色等。

知识演练 ③－⑩

③ 1. 主语不同

教师：“杰克是留学生，妮亚是留学生”最好加一个“也”字，“杰克是留学生，妮亚也是留学生”。这个句子说了几个人？

学生：两个。

（给出：主语$_1$+ 动词短语，主语$_2$+ 也 + 动词短语）

操练 ④

教师：老师说汉语，你们呢？

学生：说。

教师：用“也”怎么说？

学生：我们也说汉语。

给出例句，再让学生读两遍。后面的两个句子让学生自己完成，可以女生做一个，男生做一个。

【提示】可以根据实际情形增加一些操练，如：田中有 _____，玛丽也有 _____。大卫喜欢 _____，妮亚也喜欢 _____。

操练 ⑤

此题比较容易，可让学生直接说出答案，再齐读一遍即可。

⑥ 2. 宾语不同

教师：“阿里喜欢学习；阿里喜欢玩儿”，都是阿里喜欢的，我们最好不用后面的“阿里”，加一个“也”字就可以了，“阿里喜欢学习，也喜欢玩儿”。这个句子里有几个人？

学生：一个人。

（给出：主语 + 动词短语 1，+ 也 + 动词短语 2）

操练 ⑦

教师：我们班有韩国人吗？我们班有日本人吗？

学生：有。

教师：那用“也”怎么说呢？

学生：我们班有韩国人，也有日本人。

后面的两个句子男生做一个，女生做一个。

【提示】可以增加一些操练，如：田中有_____，也有_____。大卫想_____，也想_____。

操练 ⑧

此题让学生快速说出答案，再给出例句齐读一遍即可。

⑨ **3. 否定形式**

教师：我们先看这幅图，这个男孩儿叫大卫，他是——？

学生：学生。

教师：（给出句子）好，那么，他是老师吗？

学生：不是。

教师：（给出句子）那他是律师吗？

学生：不是。

教师：对，这时候，我们可以说——大卫不是老师，也不是律师。“也”放在“不”的前面，这是“也 + 动词短语”的否定形式。

（给出：也 + 不 + 动词短语）

操练 ⑩

教师：（给出句子）下面，请用“也”说这个句子。

学生：我不看电视，大卫也不看电视。

让学生仿照上面的练习独立完成后面两个句子的改写。

偏误纠正 ⑪

1. “也”要放在主语后，谓语动词前。
2. “也”的后面不能直接接名词，应该重复谓语动词。
3. “也”应该放在所修饰的词的后面。
4. “也”和“都”一起用的时候，“也”要放在“都”的前面。

综合强化 ⑫ ⑬

练习 1：给学生限定时间，快速回答。

练习 2：让学生两人一组改完后交换答案，看看谁对的多。

要点梳理 ⑭

先给出“主语不同”的形式，再给出“主语相同”的形式，让学生分别说出相应的句子，然后给出例句，学生再读一遍。

课后任务 ⑮

强调一定要用上“也 + 动词短语”及其否定形式；下次课大家互相交流一下。

相关扩展 ⑯

“一……也”表示强调时要用在否定句中，“一”的后面一定要有量词，“也不 / 没”的后面可以用动词或形容词。

教学小贴士

怎样设计语法练习?

汉语语法跟学生母语之间一定是有同也有异的，在汉语教学中，语法教学的重点未必是异的部分，而是学生易出现偏误的部分。持不同母语的留学生，学起汉语语法来，难点也会有所不同。对韩日学生来说，程度补语较为容易，而时量补语、动量补语等较难。在教学中，我们应该以不同国别的学生在运用汉语时语法偏误率的高低为依据来设计练习题型。

针对日韩学生时量补语、动量补语的偏误可以设计以下题型：

一、组词成句

1. 病　妈妈　三天　了
2. 中国　离开　他　一年　了　已经
3. 他　我　认识　五年　了

二、选位填空

1. 今天 A 下午 B 他 C 去 D 超市。（两趟）
2. 田中住院时我 A 去 B 看了 C 他 D。（三次）
3. A 昨天晚上 B 下了 C 雨 D。（好几阵）

三、改病句

1. 我来中国后，三次感冒了。
2. 山下两年学习汉语了。
3. 妈妈叫三次他了，他还没起床。

都 16

教学目标 ①

学习并掌握“都”的四种常见格式：

1. 都 + 动词短语
2. 每……都 + 动词短语
3. 都 + 不 + 动词短语
4. 不 + 都 + 动词短语

导入例示 ②

教师：玛丽是留学生；大卫也是留学生。这两句话我们可以用一句话来说，“玛丽和大卫都是留学生”，现在我们要学习这里的“都”。

【提示】学生的名字可根据实际情况进行更换。其他导入方法：可利用班级内的资源进行导入，如学生的国籍、性别、学生衣服或用品的颜色等。

知识演练 ③－⑪

③ 教师：“玛丽是美国人，安妮是美国人”用一句话说就是“玛丽和安妮都是美国人”。（“都”要重读）那么，“阿里学习汉语，妮亚学习汉语，田中也学习汉语”用一句话说就是——

学生：阿里、妮亚和田中都学习汉语。

教师：非常好。好，我们再说一遍这个句子。

（给出：1. 都 + 动词短语）

> **操练 ④**
>
> 教师：我们看这个字，你们认识这个汉字吗？我们用“都 + 动词短语”怎么说呢？
>
> 学生：我们都认识这个汉字。
>
> 【提示】可以增加一些操练，如：我们都有 ____。玛丽和大卫都喜欢 ____。

⑤（给出：2. 每……都……）

教师：我们看这幅图，这个女孩儿叫玛丽，她每天去图书馆（给出上面几个关键词），用“每……都 + 动词短语”怎么说呢？

学生：玛丽每天都去图书馆。

教师：非常好。（给出例句）这种句子就是——

（给出：每……都 + 动词短语）

操练 ⑥⑦

给出图片和关键词。

教师：（指着“每……都 + 动词短语”）用这个怎么说呢？

给学生一点儿思考时间。学生答对后，给出这个句子。

【提示】可以适当增加一些操练，注意选择与学生日常生活相近的例句，如“每天中午都去食堂吃饭”“每天都有汉语课”。

⑧（给出：3. 否定形式——全部否定）

教师：你们都会开飞机吗？

学生：不会。

教师：（给出这个句子）“我们不会开飞机”，好，那么大家想一想，这时候我们把“都”放在哪儿呢？这时候，我们可以说：“我们都不会开飞机”。（给出句子）“都”放在“不”的前面，这是全部否定。

（给出：都 + 不 + 动词短语）

【提示】此时，要强调全部否定的意思，加深学生的理解。

操练 ⑨

教师：老师的生日是几月几号？你们知道吗？

学生们：不知道。

教师：那我们用“都 + 不……”应该怎么说呢？

学生答对后给出句子。

【提示】可适量增加一些练习，如可就“会唱京剧”“喜欢考试”等学生可能会给出全部否定答案的问题提问。

⑩（给出：4. 否定形式——部分否定）

教师：我们班都是男生吗？对，不是的。因为，我们班有男生，也有女生，那么这个时候，我们把“都”放在哪儿呢？我们可以说——我们班不都是男生。（给出句子）“都”放在“不”的后面，这是“都 + 动词短语”的部分否定的形式。

（给出：不 + 都 + 动词短语）

【提示】此时，要引导学生注意“不”和“都”在表示全部否定及部分否定时的位置，加强学生的记忆。

操练 ⑪

教师：你们周末去超市吗？（学生回答后）有的人去，有的人不去，那用“不 + 都 + 动词短语”怎么说呢？

学生答对后，教师给出答案，让学生一起读一遍。第二个问题让学生自己回答。

【提示】可以适当增加一些操练，注意选择与学生日常生活相近的例句，如就“会做饭”和“每天吃早饭”等学生答案可能不尽一致的问题提问。

偏误纠正 ⑫

1. 缺少谓语动词“是”，“都”后面不能直接接宾语。
2. “都”位置错误，不能放在主语前，要放在动词前。
3. “都”位置错误，要放在修饰词的后面，即“今天和明天”的后面。

综合强化 ⑬－⑮

练习 1：可分组进行，让学生快速抢答，每做对一道题，给出相应的答案，最后再读一遍。

练习 2：先让学生读词语，然后再连成句子。学生答对后给出相应的答案。

练习 3：以分组比赛的形式看看哪组说出的句子又多又好。

让每个组先把想到的句子写出来，然后，每组学生轮流念出来。最后，教师根据学生完成的速度和质量排出名次。

【提示】分组时应考虑到学生的水平尽量均衡一些。

要点梳理 ⑯

先给出“都 + 动词短语”，让学生说出相应的句子，然后再给出例句。以此类推，每给出一种格式，先让学生说出相应的句子，再给出例句。

课后任务 ⑰

要跟学生强调最好选择有规律的行为进行描述，要尽量用上“都 + 动词短语”的四种形式。至少写出 5 个句子，下次课学生间互相交流一下。

相关扩展 ⑱

表示“已经”意思的“都”，用在动词或者时间名词的前边，且动词或者时间名词的后边一定要加“了”。

最 17

教学目标 ①

学会程度副词“最”的用法，能够运用“最＋形容词／动词短语”进行表达。

导入例示 ②

（给出四幅水果图片，先让学生熟悉这几种水果的名称）

教师：我们看一下，什么水果最多？

学生：樱桃。

教师：什么最少？

学生：西瓜。

教师：哪个最大？

学生：西瓜。

教师：哪个最小？

学生：樱桃。

教师：对，图中樱桃最多，西瓜最少，西瓜最大，樱桃最小。

【提示】其他导入方法：可以比较三本不同价钱的书或最近几天的气温。

知识演练 ③－⑥

教师：“西瓜最大”，“大”是形容词。

（给出：主语＋最＋形容词）

再一起说一遍“樱桃最多，西瓜最少，西瓜最大，樱桃最小”。

教师：再看第二句话，“我喜欢樱桃”，“喜欢”是动词。

（给出：主语＋最＋动词词组）

再问问同学们都喜欢什么水果，要求一定加上主语和“最”。

> **操练**
> 先熟悉一下与图片相应的词语，然后两人一组互问互答，逐题抢答。

偏误纠正 ⑦

1. 二者程度一样时，不用“最”。
2. “最”一般不用于“比”字句的谓语中心词语前。

综合强化 ⑧－⑭

练习 1–3：分组比赛，答完后由组员轮流读出全部句子。待每个组都做完，教师公布正确答案，评出读得最流利、答得最准确的一组。

练习 4：可接龙问答。

练习 5：根据实际情况互问互答，答完所给问题后，还可以让学生自由提问，并由提问人随意指定回答人。

要点梳理 ⑮

分别给出"主语 + 最 + 形容词"和"主语 + 最 + 动词短语"，让学生轮流说出相应的句子。

课后任务 ⑯

学生根据自己的实际情况写出综合练习 5 的答案，下节课让学生接龙问答。

相关扩展 ⑰

"最"用于比较，"非常"表示程度。

不、没 18

教学目标 ①

1. 了解和掌握否定副词“不”的用法
2. 了解和掌握否定副词“没”的用法
3. 能够准确辨析“不”和“没”的区别
4. 了解和掌握“不”和“没”使用上的常见偏误

导入例示 ②

教师：你们知道什么时候用“不”、什么时候用“没”吗？今天我们就来学习“不”和“没”的用法。我们先读两遍黑板上的句子。

【提示】1. 让学生试着说说这两个句子意思有什么不同。2. 还可以用其他句子导入，如“我没吃早饭”和“我不吃早饭”等。

知识演练 ③－㉑

③ 教师：大家看这两个句子。去过北京、吃过早饭，事情已经发生了吗？

学生：发生了。

教师：如果没有发生，我们就说——

学生：没去过北京、没吃早饭。

教师：非常好。

（给出：“没＋动词”否定事情的发生）

【提示】学生在回答问题的时候，很可能说出“没吃了”这样的句子，一定要强调“没”后边一般不用“了”。

④ 教师：我们一起来读一遍。（依次展示例句和图片）大家看“不”后边的词“红”“高兴”都是形容词。形容词都是说明事物的性质和状态的。

（给出：“不＋形容词”否定事物的性质和状态）

⑤ 教师：我们现在知道了“不”可以用在形容词前边，那么，“不”后边能不能用动词呢？请大家想想，举个例子。

学生：不去、不喜欢、不吃……

教师：非常好。前边我们已经学过了“没”加动词，否定事情已经发生，那么，“不喜欢、不想去”，否定的是主观的想法、愿望等。

（给出：“不＋动词”，否定主观想法、愿望、判断等）

> **操练 ⑥⑦**
>
> 改成否定句后让学生说说句子的意思，以强化“不”和“没”的不同。

⑧ 教师：大家看图片。“苹果不红”和“苹果没红”有什么不同呢？“苹果不红”是静态的说明，是说苹果现在的样子。“苹果没红”是动态的说明，是说苹果以后会变红的。

⑨ 教师：我们再看这两张图片。哪个应该说“水不热”？哪个应该说“水没热”？

待学生说对后，再给出答案，并让学生说说这两个句子有什么不同。

操练 ⑩ ⑬

【提示】让学生分组讨论、选择，并说明为什么。

⑭ 教师：大家读一遍下面这些句子。（读完后）这些句子有“每天、总是、往往”等词语，都表示一种习惯或者规律性的情况。

（给出：“不”否定习惯性、规律性的情况）

操练 ⑮

可以接龙说，每人说一句。

⑯ 教师：我们看这些句子里都用了“不”，“大学毕业以后”，表示将来的时间；“三年前”表示过去的时间；“过去、现在、以后”，表示过去、现在和将来的时间。

（给出：“不”可用于过去、现在、将来）

⑰ 教师：我们看看“没”可以用于什么时间呢？可以用于过去和现在的时间，但不可以用于未来的时间。

（给出：“没”可用于过去、现在，不可用于将来）

操练 ⑱

分组讨论，然后每个小组轮流作答，并说明选择“没”或“不”的原因。

⑲ 教师：我们读一遍这个句子——“不把作业写完就不能出去玩儿”。注意“不”在“把”和“能”的前边。

⑳ 教师：我们看下一个句子。你们说“不、没”在什么的前边？

学生：“没”在“把”的前边，“不”在“应该”的前边。

教师：对，“不”和“没”一定要放在“把”“被”“给”等词语的前边。

（给出：不 / 没 + 把 / 被 / 给）

㉑ 教师：“能”“会”“可以”“应该”这样的词，我们叫助动词。我们看看“不”和“没”放在它们的前边还是后边啊？

学生：前边。

教师：对。

（给出：不 / 没 + 能愿动词〈能、会、可以、应该等〉）

偏误纠正 ㉒

1. “把”字句中，“没”放在“把”的前面。
2. “没”否定动词时，是动作没发生的意思，所以，动词后不用“了”。

3. “常常”表示经常的做法，用“不”，不能用“没”。

综合强化 ㉓－㉕

练习 1：可做完后抢答，读出填好的句子。若不对，让其他同学改。

练习 2：两人一组讨论，然后每组答一题。

练习 3：学生每做一题后，都读一遍改完的句子，并说明修改原因。

要点梳理 ㉖

带领学生逐条总结、分析，结合例句讲解。

“不”和“没”的用法一定要横向地、对比着说，突出它们的不同点。

课后任务 ㉗

如时间充分，也可以课上分组讨论完成。

相关扩展 ㉘

第一个“没有”是一个词，是副词。

第二个“没有”是两个词，“没”是副词，“有”是动词。

就、才 19

教学目标 ①

学习并掌握“就”和“才”的以下三种用法：

1. 表示说话人认为的“早”和“晚”
2. 表示说话人认为的“快”和“慢”
3. 表示说话人认为的“容易”和“不容易”

导入例示 ②

教师：今天我们班谁第一个到教室的？几点到的？（问完后教师给出句子）山下七点半就到教室了。

教师：谁是最后一个到教室的？几点到的？（问完后教师给出句子）田中八点半才到教室。

教师再读一遍上面两个句子，“七点半就”和“八点半才”要重读，然后，让学生猜猜这里的“就”和“才”是什么意思。

【提示】1. 教师应根据实际情况将例句中的人名和时间替换为真实的。2. 其他导入方法：可问学生来中国的时间、昨晚睡觉的时间等。

知识演练 ③－⑫

③（给出：**就／才＋动词／动词短语**）

教师：我们来看这两个句子，“就”和“才”是什么意思呢？

学生说对后，教师先给出“早”和“晚”。然后，再给出：

1. 表示说话人认为的“早”和“晚”

> **操练 ④－⑥**
> 学生做出句子后，给出图下的例句，再问一下学生为什么用“就”或“才”。

⑦ 先让学生看前两个句子，从比较中确定哪个早、哪个晚，然后再选择用“就”或“才”。后两个句子处理方式同上。

⑧ 先给出两个句子，让学生读一遍。教师再读一遍，“二十分钟就”和“一个小时才”要重读，让学生猜猜这两个例句中“就”和“才”是什么意思，猜对后，再给出：

2. 表示说话人认为的“快”和“慢”

> **操练 ⑨ ⑩**
> 先给出两个例句，让学生选择用“就”或“才”后完成句子。

⑪ 给出图及例句，学生读后，教师再读一遍，“一家书店就”和“三家书店才”要重读，让学生猜对其中“就”和“才”的意思后，再给出：

3. 表示说话人认为的“容易”和“不容易”

⑫ 练习 1：教师：对中村来说，“这篇文章”容易不容易？对大卫来说呢？（学生回答后）

那么，“快”用哪个词，“慢”用哪个词？

练习 2：“猜”硬币：教师准备好不同面值的硬币，随机拿一枚硬币放在手里，分别找几个学生猜，有一遍猜对的，有三遍猜对的。

教师：“一遍猜对了”是不是很容易？“三遍猜对了”是不是不太容易？用“就”和“才”怎么说呢？

偏误纠正 ⑬ ⑭

1-2. 动词前面有“才”时，后面一般不用“了”。

3-4. 表示“早”或“晚“时，基本格式是“就 / 才 + 动词 / 动词短语”，“就 / 才”不能放在时间词语的前面。

【提示】若学生修改时有难度，可以再呈现一次前面的基本格式。

综合强化 ⑮ – ⑱

练习 1：每改完一个句子，都要让学生说说错误的原因。

练习 2：学生两人一组，把改好的句子写在本子上。然后，教师找几组读一下，边读边让学生判断对错。

练习 3：让学生先比较两个句子的异同，然后再做。教师应强调“就”和“才”要在动词前。

练习 4：最好给出三个对学生来说有用的电话号码，可以是其他老师的，也可以是其他工作人员的。教师在黑板上给出号码的时间就是开始的时间，学生不可以抄写，谁最先记住，谁就到前面背对黑板，给大家说一遍，直到所有人都记住后活动终止。然后用“就”和“才”写出两个句子，如：田中五分钟就记住了。大卫十分钟才记住。

【提示】做此游戏前一定要先讲清楚规则，一是学生只能看着黑板上的电话号码记忆，不可将号码写下来；二是要注意计时，并使用同一计时工具。

要点梳理 ⑲

先给出第一组例句，让学生说一下其中“就”和“才”的意思，说对后，教师再给出“早”“晚”。后两组句子同上。

课后任务 ⑳

第一题下次课要交上来。

第二题提醒学生一定要尽量多用“就”和“才”。

相关扩展 ㉑

“才”后面若出现“（动词 +）数量词语”时与“才”后只出现动词，意义完全不同。

再、又 20

教学目标 ①

学习并掌握“主语＋再/又＋动词短语（＋了）”句式，区别“再”和“又”的意义和用法。

导入例示 ②

教师：南希，请你读一遍生词。（南希读完后）请你再读一遍。

教师：好，南希又读了一遍。今天我们学习这里的“再”和“又”。

【提示】1. 读句子的时候“再”和“又”要重读。2. 其他导入方法：可以由让学生写两遍某个词语导入。

知识演练 ③－⑩

③ **1.“再”和“又”的基本用法**

教师：先看这个句子：“你再看一遍。”

（给出：主语＋再＋动词短语）

老师说“你再看一遍”，这时山下看完第二遍了吗？

学生：没有。

（给出：不是第一次，还没发生）

教师：再看这个句子：“山下又看了一遍”。

（给出：主语＋又＋动词＋了）

“山下又看了一遍”，这时，她看完第二遍了吗？

学生：看完了。

（给出：不是第一次，已经发生了）

【提示】1.“主语＋又＋动词短语＋了”中的“又”和“了”常常要同时出现；2. 要强调这两个句子里“再”是表示“不是第一次，还没发生”，“又”是表示“不是第一次，已经发生了”。

> **操练 ④**
>
> 填完空，让学生说说为什么，学生回答正确后再呈现答案。
>
> 【提示】强调动词后有没有“了”和事情或行为是否已经发生。

⑤ 有规律的情况出现时，用“又”。

教师：我们看这两幅图，今天是星期天，明天是？

学生：星期一。

教师：对，我们可以说“明天又是星期一了”。那星期一，我们得干什么？

学生：上课。

教师：所以，“又得上课了”。我们一起读一遍。星期天之后一定是星期一，星期一我们要上课，这样有规律的事情，要用“又”。

（给出：说明有规律出现的事情，用“又”）

> **操练 ⑥⑦**
> 学生答对后，要强调圣诞节是每年一定要有的，期末考试也是每个学期一定有的。所以，虽然，还没过去呢，但可以用“又……了”。

⑧ **2.“再”/“又”与能愿动词搭配**

给出搭配形式和例句，让学生读句子。

让学生自己发现“再”与“又”位置的不同。然后，给出下一页 PPT。

> **操练 ⑨⑩**
> 学生每填对一题，让学生齐读一遍句子。还可适时问问学生为什么。
> 集中对比“再”和“又”的异同，尽量让学生说明错句的原因。

偏误纠正 ⑪

1.“再”后面一般不可以加“了”。

2. 能愿动词应该在“再”的前面。

3. 没发生的事情应该用“再”。

综合强化⑫－⑮

练习 1：找学生回答，回答正确后，点击 PPT，呈现答案，找学生读句子，再齐读所有的句子。

练习 2：让学生改错，在做题的同时，回忆总结常见偏误，学生每做对一道题，读一遍句子。

练习 3：先让学生判断用“再”还是用“又”，再让学生思考填在哪里。最后让学生读句子，个别读、集体读。

练习 4：可以分组做，看哪组做得又快又好，先做完的先说，但教师先不做评价，待所有小组都做完后再评价。

【提示】教师把各组答案记下来，可以先让学生自己评价一下哪个答案最好。

要点梳理 ⑯

先给出“主语＋再＋动词短语”，再给出“再”“又”与能愿动词的搭配情况，分别给出例句，让学生读句子，最后让学生参照例句造句。

课后任务 ⑰

学生可自由选择三种提示中的一种去写，也可三种都写。

相关扩展 ⑱

“又”还可以表示“添加”的意义。

正、正在 21

教学目标 ①

学习并掌握：

1. 主语 + 正 + 动词 / 动词短语 + 呢
2. 主语 + 在 / 正在 + 动词 / 动词短语 +（呢）

导入例示 ②

教师：他们现在做什么呢？

学生：吃饭。

教师：对，他们正吃饭呢。

【提示】1. “正”要重读。2. 可用我们正在上课或班里某个学生正在做什么导入。

知识演练 ③④

③ 让学生读一遍例句。

给出：**1. 主语 + 正 + 动词 / 动词短语 + 呢**

教师：“他们正吃饭呢”，还可以说“他们在吃饭呢”“他们正在吃饭呢”。这些都是表示已经开始、没有做完的行为动作。

给出：**2. 主语 + 在 / 正在 + 动词 / 动词短语 +（呢）**

> **操练 ④**
>
> 可四人一组一人提问，其他三人分别用三种形式回答。
>
> 【提示】可适当增加一些操练，如让学生互相问答各自的家人现在可能在做什么呢。

偏误纠正 ⑤

1. 正在 + 动词 / 动词短语，所以后面加名词“夏天”不对。
2. “正 + 动词 / 动词短语 + 呢”，所以后面没有“呢”不对。
3. 句子中有“还”，表示状态的长期延续，用“在”不用“正”。

综合强化 ⑥－⑧

练习 1：教师引导学生轮流用三种形式描述图片。

练习 2：表演动作的学生拿到卡片后，不要读出来，也不要让其他同学看到。卡片上的词语应选择适合表演的，例如吃饭、打电话、睡觉、踢足球、打篮球、看书、写字（写作业）等等。

要点梳理 ⑨

每给出一种形式，都让学生说说相应的句子，最后给出例句。

可以扩展一个问题：“我们做什么呢？”教师提示“复习”。

课后任务⑩

让学生课后完成 PPT 上的句子，教师可以将作业打印出来发给学生。

课后任务⑪

1.“在”做介词时，后面是名词。这时候不能用“正”。

2.“在”前边可以用“一直”“总”“经常”“还”等词语，表示重复进行或状态的长期延续，“正”前边不能加这些词。

教学小贴士

怎样听写生词更好？

学习理论认为：知识应该和知识的使用方法储存在一起。有意义的信息更可能被记住，因为它比较容易与记忆中的网络命题建立联系。给学生指出各种联系，可以帮助学生改善学习，提高学习效率。

无论从理论上还是从教学实践上来看，不宜孤立地听写一个一个的词。把词放在句子里听写，学生易于联想起这个词的意思，还可帮助学生复习这个词的用法，掌握一个有语用价值的句子。例如：

请假——老师，我想请个假。

照相——麻烦您帮我照张相。

帮忙——我想求你帮个忙。

显而易见，这样听写有助于提高学生运用词语的能力。

听写时应注意以下几个问题：

1. 给出或回避暂时不必默写的词语；
2. 写后让学生读一读，及时强化；
3. 写错的字让学生自己改过来，再写几遍，这样印象深刻；
4. 使用频率极高又易错的字要反复听写。

和 22

教学目标 ①

学习并掌握"和"的用法：

1. A 和 B

2. A、B+……和 N

导入例示 ②

教师：我们来看这两张图片，他们是谁？

（学生回答以后）教师：我们可以说"学生和老师"，再读一遍"学生和老师"。

【提示】1."和"要重读。2.其他导入方法：可以问学生喜欢哪两门课，去过哪两个地方等等。

知识演练 ③－⑧

③（给出：名词 / 代词 + 和 + 名词 / 代词）

教师：我们来看这两张图片，它们是什么？

（学生回答以后，给出：**1.A 和 B**）

④ 教师："本子"和"笔"都是名词。

（给出：名词 + 和 + 名词）

教师：我们看这两幅图，一起读一下这两个句子。

（读完句子后）教师：我们用"和"可以怎么说呢？（学生回答后教师给出句子：我和她都喜欢篮球。）

让学生读两遍后，教师说明"我"和"他"是代词，并给出：代词 + 和 + 代词

> **操练 ⑤⑥**
>
> 先让学生认读图片，然后用个别提问的方式让学生说出正确的句子，最后齐读几遍。

⑦ 给出图片，先让学生分别说出他们是谁，然后复习 A 和 B，接着再引入三个名词或代词连用的情况。

教师：我们来看这幅图，上面有三个人，这时候用"和"怎么说呢？

学生可能会把"和"放错地方。

教师：当有三个或者更多的词时，"和"要放在最后两个词的中间。所以我们可以说——（给出句子：爸爸、妈妈和我。）

（让学生一起读一遍后，给出：**2.A、B+……和 N**）

操练 ⑧

给出图片，让学生用“和”说短语。学生说出答案后，应带领全体学生再读几遍。

偏误纠正 ⑨ ⑩

1. 三个或更多的名词或代词连用的时候，只能用一个“和”，“和”要放在最后两个词中间。
2. “和”不能用在两个形容词之间。
3. 学生判断出对错后，强调以下规则：

（1）当动词作谓语时，不能用“和”连接。

（2）当形容词作谓语时，不能用“和”连接。

（3）“和”不能连接两个小句。

综合强化 ⑪ - ⑮

练习 1：先分别找学生做，然后齐读一遍，强化“和”的使用规则。

练习 2：以填空的形式强化“和”的位置，可先让学生两人一组完成，然后再集中找几组到黑板上写出答案，其他同学来判断对错。

练习 3：先让学生自己改，然后再找几个同学分别说出答案，并解释出现错误的原因。

要点梳理 ⑯

先给出“A 和 B”，让学生说出相应的短语，然后再给出例子，最后学生再读一遍。

“A、B+……N”的复习方式同上。

课后任务 ⑰

要求学生写出问句和答句，下次课通过两人一组的方式进行问答练习。

相关扩展 ⑱

“跟”可以作连词用，与“和”的意思一样，但是“跟”有“向、对”的意思，表示动作的对象，“和”没有这样的意思。

简单的方位词/方位短语 23

教学目标 ①

学习并掌握方位词及方位短语：

1. 简单方位词
2. 简单方位词 + 面 / 边
3. 处所名词 + 简单方位词 +（面 / 边）

导入例示 ②－③

教师：同学们，看看这些颜色都表示什么方向呢？这些地方怎么说呢？

引导学生说出正确的方向：上、下、左、右，然后给出例句并领读。

教师：同学们，这是"我"，那这些方向怎么说呢？

引导学生根据箭头所指说出正确的方向：前、后、左、右，然后给出词语并领读。

教师：这就是我们今天要学习的内容。

【提示】其他导入方法：指着讲桌的上下左右前后来提问。

知识演练 ④－⑳

④ 1. 简单方位词

（1）上、下、左、右、前、后

教师：看这幅图，这是"上"，我们一起读，"上"。

依次呈现方位词，教师领读。

最后采用老师指、学生个别读，再一起读的方式练习。

> **操练 ⑤ ⑥**
>
> 教师：我们看看，图中哪些是上、下、左、右、前、后？
>
> 学生每说对一组后，呈现方位词。
>
> 教师：（指着爸爸妈妈中间的小女孩）这儿怎么说？这是"中"。
>
> 最后，呈现"中"，引出"东南西北中"等方位词。

⑦（2）东、南、西、北、中

教师：（指着地图最中心）看这部分，怎么说呢？

学生：中。

教师：对，是"中"，那这四个红色部分，怎么说呢？（给出方位词）

> **操练 ⑧ ⑨**
>
> 教师：我们看这幅图，是一个马路，这是——（指"北"）
>
> 学生：北。
>
> 每个方位都让学生先说出来，再呈现。

教师：看下面这幅图，哪里是东、南、西、北呢？
等全部回答正确后，给出方位词。
【提示】教师可快速指着教室的某个方位，让学生快速说出该方位的名称，还可以学生之间互相问答。

⑩ 2. 方位词 + 面 / 边

教师：我们来学习一下"方位词 + 面 / 边"。先看这个表格，"上" + "面" = "上面"，"上" + "边" = "上边"。
和学生一起把表格填满后，让学生个别读、集体读。

操练 ⑪ – ⑭
教师：我们看下面这些图，说说有哪些方位词组？
可以将学生分成几组，每组轮流派一个人说出图中的方位，看哪组说得又准又快，每一幅图都要变换小组的先后顺序，如第一幅 A 组先说，第二幅 B 组先说，第三幅 C 组先说……教师要用写"正"的形式记下每组说错的次数。

⑮ 3. 名词 + 简单方位词 +（面 / 边）

教师：（指桌子问）这是什么？
学生：桌子。
教师：苹果在哪儿？
学生：上面。
教师：对，苹果在桌子上面。
（给出：名词 + 简单方位词 +〈面 / 边〉）

操练 ⑯ – ⑳
教师：来说说，这是什么地方？
找学生回答，再给出正确答案。

偏误纠正 ㉑ ㉒

1. "桌子"是事物名词，必须加方位词才能表示地点。
2. 方位词要放在事物名词的后面构成方位短语。
3. 地理名词后面不能再加方位名词。
4–5. 名词一般直接加方位词构成方位短语，中间不需加"的"。

综合强化 ㉓ – ㉖

练习 1：以一横排为一组，找学生回答，最后给出正确答案。
练习 2：让学生自己填，然后教师给出答案。
练习 3：分组讨论，在规定时间内，看哪个组说出来的方位短语最多，并且正确。
练习 4：分组时要考虑到学生的水平。也可以用接龙的形式，让学生按照一定的顺序你指我说，我指他说……。

要点梳理 ㉗

分别给出"简单方位词""方位词＋面/边"和"处所名词＋简单方位词＋（面/边）"，让学生说出相应的词或短语。若时间允许，还可让学生用这些词或短语造句。

课后任务 ㉘

给出例句，让学生参照例句，说出更多的句子，至少说出五个。

相关扩展 ㉙

方位短语中"旁边、对面"比较特殊，这两个词中的"边"和"面"不能换用。

离合词 24

教学目标 ①

了解离合词的结构特点及其使用上的注意事项：

1. 离合词后边不可以直接带宾语
2. 离合词中间可以加入其他成分
3. 离合词的重叠式是 AAB
4. 离合词带补语时的表达方式

导入例示 ②

教师：你今天几点起的床？

学生：6 点半。

教师：那昨天晚上你是几点睡的觉？

学生：12 点。

教师：哦。那么你每天睡几个小时觉？

学生：8 个小时。

教师：好。大家现在看这些句子。大家看看这些红色的动词跟一般的动词有什么不一样呢？

知识演练 ③-⑪

③ 教师：对。这样的词可以一起用，也可以分开用。这就是离合词。

> **操练 ④**
>
> 教师：我们已经知道什么是离合词了，现在看看你能不能找出句子中哪些是离合词呢？
>
> 【提示】先展示全部的句子，让学生快速找出离合词，并说出来，然后再给出答案。

⑤ 1. 离合词的宾语的位置

教师：我们看下面的几个词都是离合词。如果有宾语应该怎么说呢？

学生：帮忙他、生气他……

教师：到底怎么说对呢？

给出答案，并强调离合词宾语的两种位置。

> **操练 ⑥ ⑦**
>
> 由于这两道题有难度，可先分组讨论，再让学生轮流作答。
>
> 教师：请大家先找出这些句子中的离合词。（学生找完后）再看离合词分开使用时，中间加了哪些词？
>
> 学生："了""6 个小时""过""两次""着""他的"……
>
> 教师：非常好。离合词中间常常有这样一些词。

⑧【提示】离合词中间插入名词、代词的情况，可以适当替换相应的词来说明。如：帮他忙（代词）、帮小张忙（名词）。

操练 ⑨

此题可分组比赛，一次全部做完，然后每个组轮流说出自己完成的短语，看哪组说得又多又好。

⑩ **2. 离合词的重叠式**

让学生先读一遍这几个句子，再读一遍画横线的部分。

教师：这些就是离合词的重叠式。你们知道“学习”的重叠式是什么吗？

学生：学习学习。

教师：对，动词的重叠式是 ABAB。离合词呢？是 AAB。

（给出答案）

操练 ⑪

只要学生说出的句子语法正确，用了离合词的 AAB 形式即可。

偏误纠正 ⑫ – ⑭

补语只能放在动词后面，而不能放在名词后面；离合词的名词性成分应置于表示开始并持续的补语“起来”中间。

综合强化 ⑮ – ㉒

练习 1. 逐个展示例句，学生改完后轮流说出改后的句子，最后给出正确的句子。并带领学生简要分析错误的原因。

练习 2：学生做完抢答。有时量补语的时候，注意引导学生说出两种不同的形式。

练习 3：先展示句子，让学生判断对错并简要说明理由。

要点梳理 ㉓

逐条展示，逐条让学生试着说明相关的规则。

课后任务 ㉔ – ㉕

展示常用的离合词，让学生读一读，记一记，并根据实际情况造句。如：我昨天午饭后睡了一觉；我每天洗两次澡。

下次课将自己写出的句子读一遍，让同学们判断对错，错的一起改正。

学生展示作业后，教师再给出这些例句读一遍。

相关扩展 ㉖

离合动词中间可以加入数词、量词等，非离合词的一般动词不能分开使用。

25 动词重叠 / 动词 + 一下

教学目标 ①

1. 了解并掌握动词重叠的基本形式
2. 了解并掌握动词重叠的四种用法
3. 了解并掌握动词重叠和“动词 + 一下”的区别

导入例示 ②

教师：（展示例句）我们一起读一遍。（读完）这些句子里的“上上、听听、打打、逛逛”就是我们今天要学习的动词重叠。（板书“重叠”二字，加拼音）

【提示】还可以用其他方法导入，比如：教师可以准备一些糖果，引出“尝尝”；给出一个生词，引出“查查”等。

知识演练 ③－⑲

③④ 教师：我们来看这个手表，很漂亮，对吧？所以我想“看看”。跟我读一遍。

给出句子，学生读。

教师：动词的重叠就是两个一样的动词连用——AA。我们再看下面的图片，这个桔子甜不甜呢？你想知道，怎么办？

学生：尝尝。

教师：非常好，“尝尝”也可以说“尝一尝”。

给出句子，学生读。

⑤ 教师：（展示图片）大家一起看，她很累，要做什么？

学生：休息。

⑥ 教师：我们可以说“休息休息”，这个动词的重叠形式是“ABAB”。

教师：（展示图片）大家一起看，天很热，所以她们想去游泳，“游泳”重叠怎么说？

学生：游泳游泳。

教师：“休息休息”是对的，可是“游泳”应该说“游游泳”，也就是“AAB”。

【提示】离合词的重叠形式一般是 AAB。教师应再举几个离合词重叠的例子。

⑦ 总结动词重叠的格式，教师再说一些动词，让学生快速说出它们的重叠形式。例如：打篮球、商量、散步等。

⑧ 教师：我们一起读例句。“查查词典、洗洗手”，这些事做没做呢？

学生：没做。

教师：对，那“查了查词典、洗了洗手”做没做呢？

学生：做了。

教师：做这些事的时间长不长呢？
学生：不长。
教师：对，这些都是说动作时间很短。
（给出：**1. 表示时间短**）
⑨ 教师：我们再看下面的图片和句子，下课了，我们一般做什么，对，可以说"休息休息"，也可以说"休息一下"。"动词 + 一下"也可以表示时间短。

> **操练⑩**
> 让学生试着说出画横线词语的意思，然后再给出答案。

⑪ 教师：我们再看这两个句子。一起读。这里的动词是什么？
学生：读读、收拾收拾。
教师：它们也是时间短的意思吗？对，不是，这里动词重叠是表示缓和语气的。
（给出：**2. 表示缓和语气**）
⑫ 教师：那么什么是缓和语气呢？我们现在来读一读 A 和 B 两组句子。它们有什么不同呢？
【提示】教师示范读两组句子，注意读动词重叠式时语气柔和一些，读动词不重叠的句子语气可以夸张成生硬一些、短促的、命令口吻，以便学生准确体会到二者的区别。

> **操练⑬**
> 教师：大家看，在这三种情况下，你应该怎么说更好呢？
> 先给学生几分钟时间思考，或分组讨论，最后给出答案。
> "动词 + 一下"也可以表示缓和的语气。

⑭ 教师：我们再看这些句子。
（逐个展示例句及相应图片，可以一边展示，一边让学生读读。）
这里的动词重叠都表示什么意思呢？是时间短吗？是客气礼貌吗？都不是。这里的动词重叠都有要试一下的意思。
（给出：**3. 表示尝试**）
⑮ 教师："试试，试一试"，也可以说"试一下"。
"动词 + 一下"也可以表示尝试的意思。

> **操练⑯**
> 根据给出的情境，让学生使用动词的重叠式说出符合语境的话。由于此题有难度，所以要给学生一定的准备时间，也可分组讨论。

⑰ 教师：我们再看这两个句子，这里的动词重叠表示列举，有轻松、随意的语气。
（给出：**4. 表示例举，有轻松、随意的语气**）
"动词 + 一下"没有这个用法。

操练 1 ⑱

可以先分组自由表达，然后再进行个别表达。注意提示学生用上动词重叠形式，由于是陈述习惯性的行为，所以不要用“了”。

操练 2 ⑲

此题要提醒学生注意动词重叠的不同形式。

偏误纠正 ⑳

1. 动词重叠形式不能与“正”“正在”等表示动作正在进行的词语同时使用。
2. 动词重叠后的宾语应该是指定的或已知的。
3. 动词重叠形式不能做定语。
4. 动词重叠形式不能与“一下”重复使用。

综合强化 ㉑-㉕

练习 1：教师带领学生复习动词重叠式的四种用法。

练习 2：先让学生逐个试着说出完整的句子，最后教师展示正确答案，也可以适当分析一下句中动词重叠式的意义。

练习 3：可以做成情境会话练习：将学生分成几组，每组可写出几个答案，最后各组读出自己的答案，看看哪组写出的句子最好。

要点梳理 ㉖

总结时，教师可以先给出典型例句，让学生说出例句中动词重叠后的意思，说对后再给出答案。

课后任务 ㉗

第 1 小题学生交上来后教师要认真批改，并针对普遍存在的问题作出点评。

第 2 小题可在下次课上互相交流一下。

相关扩展 ㉘

注意：“动词重叠 + 看”只适用于单音节动词。

形容词重叠 26

教学目标 ①

学习和掌握形容词重叠的种类、意义和用法：

1. AA 式：大大
2. AABB 式：干干净净
3. ABAB 式：雪白雪白
4. A 里 AB 式：糊里糊涂
5. A×× 式：亮晶晶

导入例示 ②

教师：看这个女孩，她的眼睛大吗？

学生：很大。

教师：头发长吗？

学生：很长。

教师：我们还可以说，她“眼睛大大的，头发长长的”，那么，它们和“大”“长”有什么不一样呢？我们来看一下。

知识演练 ③－⑮

③ 1. A → AA

教师：“大”，可以变成“大大”；“长”可以变成“长长”。意思是“很大”“很长”。

（给出：眼睛大大的 = 眼睛很大 / 头发长长的 = 头发很长）

【提示】应提醒学生注意形容词重叠后作谓语，一般后面要加“的”。

> **操练 ④**
>
> 教师要注意引导学生说出重叠式作定语和作谓语两种形式。

⑤ 2. AB → AABB

教师：“干净”变成 AABB 式应该怎么说？

给出一个示例后，可让学生直接改说后面两个句子。

> **操练 ⑥**
>
> 注意形容词重叠后本身就有程度较高的意味，所以前面不可以再加程度副词，改写后“十分”和“非常”应删去。

⑦ 3. AB → ABAB

教师：同学们看这幅图，这是一条笔直的路。“笔直”是像笔一样直的意思。这时重叠应该用ABAB式，那“笔直”应该是——
学生：笔直笔直。
教师：非常好。大家一起说一下这个句子。
让学生一起说出“火红”的ABAB式。

操练⑧⑨
教师要注意引导学生说出重叠式作定语和作谓语两种形式。

⑩ 4. AB → A里AB
教师：我们读一下这个句子。“糊涂”重叠应该用A里AB式，怎么说？
学生：糊里糊涂。
【提示】提醒学生注意这种形式重叠的词语一般都是贬义的。

操练⑪
先让学生熟悉理解这几个形容词的意思。然后让学生轮流快速说出每一组改前的形容词和改后的形容词。

⑫ 5. A → A××
教师：“亮”后面可以加“晶晶”，组成“亮晶晶”，这是形容词的第五种重叠式。
（给出：天上的星星很亮）
教师：这句话还可以怎么说？（待学生说对后给出改写后的句子）

操练⑬⑭
先让学生读一下给出的提示词语，然后让学生两人一组一个人说原句，一个说改写后的句子。

⑮ 教师：到现在，我们已经学了五种形容词的重叠式了，大家想一想，形容词的重叠式表示什么呢？比如：“大大的眼睛”，是眼睛很大，还是不太大？
学生：很大。
教师：对，所以重叠和不重叠的区别是，重叠式有“很”“非常”的意思，我们先读一下第一组的三个句子。形容词和名词中间用什么词？
学生：的。
教师：第二组的两个句子，是形容词加动词，中间用什么字？
学生：地。
教师：最后一组的两个句子，形容词在最后，一般后面加什么？
学生：的。
给出例句后的三种格式。

偏误纠正⑯
1–2. 形容词的重叠已经表示程度很高，前面不可再加表示程度的词语。
3. 形容词加动词，中间用“地”。

4. 形容词的重叠式前不可加“不”。

综合强化 ⑰ – ㉒

练习 1–3：先读一遍给出的短语。集体作答与个别作答交替进行。

练习 4：让学生简单说明错误原因。

练习 5：根据图片和提示词，学生一起读出首句，比如“那个地方很美”，然后让学生依次用形容词的重叠式具体说明那个地方如何美丽。

要点梳理 ㉓

先给出形容词的五种重叠式，让学生依次说出相应的词语或句子，尽量让学生多说一些，最后再给出后面的例词。

【提示】学生说出词语后，最好再引导学生用该词语说出一个完整的句子。

课后任务 ㉔

提醒学生尽量多用几种形容词重叠式的形式；下次课同学间要交流一下。

相关扩展 ㉕

注意有很多形容词是不能重叠的。

动态助词“了” 27

教学目标 ①

了解并能够正确运用表示动作完成的“了”。

导入例示 ②

教师：这个男孩做什么呢？

学生：看电影。

教师：对，他昨天看了一场电影。

【提示】其他导入方法：上次课我们学了多少生词？这本书我们学了几课？

知识演练 ③－⑤

③ 教师：我们一起读一下这两个句子。（读后）看看动词后边都有什么？

学生：了。

教师：这个“了”是什么意思呢？“见了”“看了”动作完了吗？

学生：完了。

教师：对，这就是“了”的一个用法，在动词后表示动作的完成。（给出：**了——表示动作的完成**）

> **操练 ④**
>
> 可全班分两大组互问互答，注意答句的完整性。
>
> **操练 ⑤**
>
> 提醒学生可随意加上一个主语，要说出完整的句子。

偏误纠正 ⑥ 给出两组正误句，让学生判断对错。

1. 提醒学生注意表示完成意义的“了”要在动词后面。
2. 动词后有表示完成意义的“了”时，宾语前一般需要有数量词语。

综合强化 ⑦⑧

练习 1：先提醒学生注意偏误中涉及到的两个规则，一个是要注意“了”的位置；一个是要注意动词的宾语前是不是有数量词语。然后，再给学生几分钟时间一次性做完。

练习 2：注意提醒学生一要用完整的句子回答，必须使用“了”；二要根据自己的实际情况回答。两人一组完成后，还可以进行一轮接龙问答。

要点梳理 ⑨ 给出“主语＋动词＋了＋数量词＋名词”，让学生轮流说出一个相应的句子。

课后任务 ⑩ 布置作业时要再强调一下“了”的用法及规则。

相关扩展 ⑪ “了”是说完成了一件事，强调结束；“过”是说以前有这样的事，强调经历。

28 语气助词“了”

教学目标 ①

1. 了解并掌握“了”用于句末时表示变化的用法
2. 了解并掌握“了”用于句末说明已经发生的事情的用法

导入例示 ②

教师：现在几点？

学生：七点。

教师：对，七点了。这里的“了”是完成的意思吗？不是，那是什么意思呢？

知识演练 ③－⑧

③ 教师：大家一起读一下这几个句子。你们说说它们有什么一样的地方？

学生：都有“了”。

教师：对。这些句子里的“了”都是表示变化的。

结合例句启发学生说说这些句子分别发生了什么变化。

（给出 :**1. 了——表示变化**）

【提示】让学生注意表示变化的“了”前面可以是：数量词 / 名词 / 形容词 / 动词。

> **操练 ④**
>
> 教师：大家现在看图片，春天来了，会有哪些变化呢？我们用“了”说说。
>
> 【提示】可以让学生接龙说，每人说一种变化，且不必拘泥于给出的词语。最后可全班再一起说一遍春天的变化。

⑤ 教师适时提示图中的信息与相应的词语，可分组比赛，看哪组说出的句子又多又好。

⑥ 让学生一起读出问题和“她不同意”，再给出后面的图，问学生，“现在呢”。待学生说出“她同意了”之后，可让个别学生说说发生了什么变化。引导学生说出完整的句子“她开始不同意，后来同意了”。

⑦ 教师：大家看，爸爸和孩子昨天去哪儿了？

学生：超市。

教师：对，他们去超市了。这个“了”是变化吗？不是，是说明已经发生的事情。

（给出：**2. 了——说明已经发生的事情**）

> **操练 ⑧**
>
> 给出全部词语，让学生思考几分钟，写出全部组成的句子。然后教师随机找几位学生读出各自完成的句子。比一比看谁做得更好、读得更流利。

偏误纠正 ⑨

1. 说明已经发生的事情时，“又”后面一定有“了”。
2. 表示情况的变化，后面要加“了”。

综合强化 ⑩－⑪

练习 1：先让学生考虑几分钟，也可互相讨论一下，然后找学生个别回答，回答时读一遍句子，再说明发生了什么变化。

练习 2：各组说出的句子要记下来，最后各组要轮流说出一个句子，说对的，全体重复一遍，而且教师要在黑板上给该组记上一分。说错的，其他学生纠正。再开始第二轮，每组换一名学生说，不得与前面说过的重复。每组四个人都说完以后，还可以再抢答，得分多者为胜。

要点梳理 ⑫

一边展示 PPT 的内容，一边引导学生说出“了”的两个意思，尽量让学生再多说出一些相应的句子。

课后任务 ⑬ ⑭

1. 主要考察“了”的表示变化的用法，启发学生尽量多写出一些变化。
2. 主要考察“了”的说明已经发生的事情的用法。下次课学生依次说一个写出来的句子，不得重复。

相关扩展 ⑮

“了$_1$”是动态助词，表示动作行为的完成，用在动词后；“了$_2$”是语气助词，表示情况或状态的变化，用在句末。

29 该……了

教学目标 ①

1. 了解并掌握“该 + 名词 + 了”表示的意义及用法
2. 了解并掌握“该 + 动词短语 + 了”的意义及用法

导入例示 ②

教师边展示图片，边问学生。

教师：你们看，圣诞老人在做什么？

学生：发礼物。

教师：对，他现在可能说什么呢？他最可能在说：“该你了。”

【提示】其他导入方法：复习学过的一个重要的句子，让学生依次说，导出“该你了”。

知识演练 ③－⑥

③ 教师：我们看看这个句子，“该”后边是人，是名词，后边是“了”。是什么意思呢？表示按顺序，到……了。“该你了”就是按照顺序“到你了”的意思。

（给出：**1. 该 + 名词 + 了**）

> **操练 ④**
>
> 让学生读出前面的语境，再引导学生——
>
> 教师：我们看看谁在前边？对，是小明，所以，（指着“该 + 名词 + 了”）应该怎么说呢？
>
> 【提示】可结合班级座位的实际情况扩展练习。

⑤ 教师：他五点下班，现在几点了？

学生：五点了。

教师：对，我们可以说：五点了，该下班了。

（给出：**2. 该 + 动词短语 + 了**）

表示到了做某事的时间了。

> **操练 ⑥**
>
> 教师可以用提问的方式引导学生，如：现在几点了？该做什么了？

偏误纠正 ⑦

1. “该 + 名词 + 了”中的“该”是“到”的意思，所以不能换成“应该”。
2. “该 + 动词短语 + 了”表示到了做某事的时间了，“做某事”就必须有动词。

综合强化 ⑧⑨

练习 1：可将练习中的名字换成本班学生的名字，按座位顺序接龙问答。

练习 2：先分组讨论，并写出全部完成的句子。然后，每组读出自己的答案，教师记下说错的句子。待所有小组都读完后，改错并评出做得最好的一组。

要点梳理 ⑩

给出“该 + 名词 + 了”，让学生说说其用法及意义，再说此类句子。再给出“该 + 动词短语 + 了”，让学生说说其用法及意义，再说此类句子。

课后任务 ⑪

让学生齐读一遍例句；鼓励学生尽量把一天要做的事情及相应的时间都写出来。

相关扩展 ⑫

“该”还可表示推测的意思。

30 要/就要/快要/快……了

教学目标 ①

1. 了解并掌握“快 + 时间词语 + 了”的意义和用法
2. 了解并掌握“（就/快）要 + 动词短语 + 了”的意义及用法

导入例示 ②

教师边展示图片，边问学生。

教师：你们看，他们八点十分上课，现在几点了？

学生：八点。

教师：我们可以说“快八点了，就要上课了”。

【提示】其他导入方法：可以用实物教具直接给出要下课的时间，说出“快 + 时间词语 + 了”和“就要下课了”的句子。

知识演练 ③－⑦

③ 教师：“快八点了”是说还没到八点，但是还有几分钟就到八点了。

给出：**1. 快 + 时间词语 + 了**

表示很快就到某个时间了。

教师：“就要上课了”是说离上课的时间很近很近了。

给出：**2.（就/快）要 + 动词短语 + 了**

表示很快就到发生某个事情的时间了。

> **操练 1 ①－④**
>
> 先让学生熟悉一下时间和要做的事情，然后可以让学生抢答。
>
> **操练 2 ⑤－⑦**
>
> 先引导学生说出要用的动词或动词短语，然后教师指着“（就/快）要 + 动词短语 + 了”让学生轮流说出四种形式的句子，如：火车就要开了/火车快要开了/火车快开了/火车要开了。

偏误纠正 ⑧

1. 当句子有具体的时间词语做状语时，只能用“就要”。
2. “就要、快要”都要放在主语的后边。

综合强化 ⑨⑩

练习 1：该练习可先分小组讨论，并将答案写下来。然后，教师可让每组做一句，做错了，让其他小组纠正。

练习 2：可采取轮流作答或抢答的方式，答对后给出答案。

要点梳理 ⑪

先给出句式，然后让学生说句子，尽量让学生多说一些，最后再给出例句。

课后任务 ⑫

请学生结合生活中的实例尽量多写出一些句子，下次课向全班汇报一下。

相关扩展 ⑬

“就要”表示的时间常常比“快要”更短一些。

教学小贴士

设计例句应注意些什么？

1. 要浅显易懂，用学生学过的词语。
2. 要紧密贴近学生的生活，有实用价值。
3. 要充分利用周边资源，包括学校所在地的特点、校园景物、教室内的物品及学生的构成（如性别、国籍、年龄）、衣着、随身物品、当时的情境等。
4. 要回避文化禁忌和政治敏感问题。如国土大小、宗教、收入、年龄、婚恋状况、高矮胖瘦及身体缺陷、学生个人物品的价格、种族区别（肤色）、暴力（如“孩子被爸爸打了”）等。

31 主语＋动词＋着（＋宾语）

教学目标 ①

学习并掌握“动词＋着”的三种常见格式：

1. 主语＋动词＋着＋（数量）＋名词
2. 主语＋（正 / 正在 / 在）＋动词＋着＋（呢）
3. 主语＋动词 $_1$＋着＋动词 $_2$＋其他

导入例示 ②

教师：我们来看这幅图，女孩的手里有什么？

学生：花。

教师：对，我们可以说“女孩拿着一束花”。

【提示】其他导入方法：老师拿着一本书或一支笔提问。

知识演练 ③－⑪

③ 1. 主语＋动词＋着＋（名词）

教师：我们一起读一下这个句子。

（给出：主语＋动词＋着＋名词）

再让学生读两遍其他例句。

④ 2. 主语＋（正）＋动词＋着（＋名词）＋呢

教师：我们看左边这幅图，小狗在做什么？

学生：睡觉。

教师：我们可以说“小狗正睡着呢”。我们再看这幅图，小猫在做什么？

学生：吃鱼。

教师：对，我们可以说“小猫正吃着鱼呢”。

（给出：主语＋〈正〉＋动词＋着〈＋名词〉＋呢）

> **操练 1** ⑤⑥
>
> 可逐题抢答。
>
> **操练 2** ⑦
>
> 学生两人一组，完成对话后，互相问答。

⑧ 3. 主语＋动词 $_1$＋着＋动词 $_2$＋其他

教师：我们看，这个女孩好像在等人吧？

学生：是。

教师：她怎样等呢？

学生：打伞。
教师：这两件事用一句话怎么说呢？（给出例句，齐读一遍）
（给出：主语 + 动词 $_1$+ 着 + 动词 $_2$+ 其他）
教师："动词$_1$"表示"动词$_2$"是怎么样做的，"她"是怎么等人的呢？对，打着伞等人呢。

> **操练** ⑨ – ⑪
> 提醒学生注意"着"要放在第一个动词后边。

偏误纠正 ⑫

1. "着"用在动词和名词中间。
2. "着"一般不和非持续动词搭配使用。
3. "着"不能和处所名词搭配。
4. 表示"怎么样地做什么"时"着"应放在第一个动词的后面。

综合强化 ⑬ ⑭

练习 1：教师的例示要注意上面所学的"着"的各种形式的使用。
【提示】让学生随意做一些动作，做好后先不要改变姿势，可以趴在桌子上、举起手、闭上眼睛、拿起书包、玩手机、查词典、擦桌子等等。
练习 2：最好多给出一些词语，词语可以重复使用，但组合成的句子不可完全一样。

要点梳理 ⑮

先让学生回忆前面学习的句子，可每人轮流说一个，然后再给出句式及例句。

课后任务 ⑯

提醒学生尽量多用"动词 + 着"的几种形式。
【提示】一个学生可同时介绍几幅图片，这几幅图片最好是表情、动作丰富一些的。

相关扩展 ⑰

存现句是表示某处存在、出现或消失某人或事物的句子；存现句中不可用表示动作进行的"正……呢"。

方位短语+动词+着+名词(短语) 32

教学目标 ①

让学生理解“方位词组＋动词＋着＋名词（短语）”这一句式，并能够熟练运用。

导入例示 ②

教师：这是什么？

学生：“生日快乐”。

教师：写在哪儿？

学生：卡片上。

教师：对，我们可以说“卡片上写着生日快乐”。

【提示】其他导入方法：用桌子上或教室里的东西导入，如“桌子上放着一本书”“墙上贴着两张地图”等。

知识演练 ③－⑥

③ 教师：我们再读一遍这个句子。

给出：方位短语＋动词＋着＋名词（短语）

带着学生将句中的每个部分与给出格式对应起来，说一说。

操练 ④－⑥

先熟悉图片及相关词语，然后，教师带着学生做一道小题，

指着“方位词组＋动词＋着＋名词（词组）”让学生说说句子中对应的每部分是什么。如：地方（方位词组）是“海边”；动词是“停”；名词是“自行车”，再让学生组成一句话。其余小题可让学生独立完成后抢答。

偏误纠正 ⑦

1. 在“方位短语＋动词＋着＋名词（短语）”这个结构的方位词组前不可出现介词。
2. 这个结构中的方位词组一般指特定的方位，所以，应该是确定的。
3. “柜子”加上“里”才表示方位，否则是一般名词。

综合强化⑧－⑫

练习1：可逐题抢答，抢答的同学必须说明原句错误的原因。

练习2：可分组比赛，每个词语只能使用一次，全部做完后抢答，比一比哪个组做得又快又好。

练习3：可将全班分成两大组，轮番派一人说句子，看哪个组说出的句子又多又好。

练习4：两人一组快速问答。

要点梳理 ⑬

给出“方位短语 + 动词 + 着 + 名词（短语）”这一句式，让学生多说一些相应的句子，然后再给出例句。

课后任务 ⑭

教师要强调尽量用不同的动词。下次课可以一个人介绍，一个人到黑板上边听边画。

相关扩展 ⑮

“方位短语 + 动词 + 着 + 名词（短语）”中的“着”也可以换成“了”，表示完成。

教学小贴士

常见的语法练习题型有哪些？

1. 变换句式。如：主动变被动、陈述变反问、肯定句变否定句等。
2. 改写句子。如：将以下两个句子改写成一个“比”字句——这件衣服 120 块钱，那件衣服 360 块钱。
3. 看图说话。如：给出一个房间图，让学生用存现句描述房间内东西的位置。
4. 多向问答。可以教师问学生、学生问教师、学生问学生，如：学生用接龙问答的形式练习“是……的”句。
5. 改易错句。根据学生常见的偏误给出句子，让学生根据语法规则进行修改，如：“我没吃早饭了”“今天一点儿冷”等。
6. 完成句子。常用于关联词语的操练，如：给出“只要我有钱”，让学生用“就……”完成句子。
7. 组词成句。常用于位置上容易出错的语法点的操练，如：时量补语、动量补语、趋向补语等。
8. 辨析填空。常用于成对的、容易混淆的语法点，如：“再 / 又、或者 / 还是、一点儿 / 有点儿、关于 / 对于”等等。
9. 选位填空。跟“组词成句”一样，也常用于位置上容易出错的语法点。如：星期日 A 我 B 看了 C 电影 D。（三场）
10. 课堂活动。如：“把”字句、兼语句、双宾语句等可以通过“你说我做”的方式强化巩固，即一个人用含有要操练的语言点的句子发指令，一个人做出相应的动作。
11. 自由造句。这种练习应在学生完全理解、并进行了一定操练的基础上进行。
12. 课后任务。要求学生在课后完成某项任务，并用上指定的语法点，如：用“越来越……”说说自己所在地方近几年的变化。

33 主语 + 动词 + 过 + 名词

教学目标 ①

学习并掌握“动词 + 过”的肯定形式、否定形式和疑问形式：

1. 肯定：主语 + 动词 + 过（+ 宾语）
2. 否定：主语 + 没 / 没有 + 动词 + 过 (+ 宾语)
3. 疑问：主语 + 动词 + 过 (+ 宾语)+ 吗 / 没有？

导入例示 ②

教师：这是哪儿？

学生们：长城。

教师：你们去过长城吗？

学生甲：我去过。

教师：你们都去过长城吗？

学生乙：我没有。

教师：这里的“过”就是我们今天要学习的语法。

【提示】还可以通过“看过中国电影吗”“吃过饺子吗”等问题导入。

知识演练 ③ – ⑦

③ 教师：“我去过故宫”这个句子中，“去故宫”是以前的事情，“我”现在不在故宫。所以，“动词 + 过”表示事情发生在过去，强调过去的经验。

（给出：主语 + 动词 + 过〈+ 宾语〉）

④ 教师：有的学生去过故宫，有的学生没去过故宫。这里的“没”也可用“没有”。

（给出：主语 + 没 / 没有 + 动词 + 过〈+ 宾语〉）

教师：问别人时在句尾加“吗”或者“没有”。

（给出：主语 + 动词 + 过〈+ 宾语〉+ 吗 / 没有？）

操练 1 ⑤

教师：这些是什么？（待学生说出图片内容后再给出食品名称，反复认读）

教师：说说这些你吃过的和没吃过的。

要求学生根据自己的情况作答。可以两人一组互问互答，还可以让学生用“你吃过……吗？”接龙问答。这样三种形式都可以练到。

操练 2 ⑥

教师：我们看看这些图是什么？

待学生说出图片内容后再给出词语，并通过点读熟悉这些词语。

教师：大卫，你看过京剧吗？

大卫：我看过。

教师用手势引导大卫问下一个同学。

大卫：玛丽，你看过杂技吗？

玛丽：我没看过。（问下一个同学）田中，你看过篮球比赛吗？

……

学生接龙问答。

【提示】所有学生名字都要替换为自己班级的。

操练 3 ⑦

教师：他们在做什么？说说你做过什么和没做过什么。

学生两人一组互问互答或接龙问答。

偏误纠正 ⑧ ⑨

1. “过”应该放在离合词的中间。
2. 句子里有两个动词时，“过”应该放在主要动词后面。
3. “常常”是说经常性、反复性的动作，“过”是说以前发生的，所以不能一起用。
4. “一直”这个词，是说从过去到现在，所以不能跟“过”一起用。

综合强化 ⑩ – ⑭

练习 1：【提示】教师可适当再给出一些离合词，让学生进一步巩固“过”应插入离合词中间这一规则，如：（跟中国人）聊天、游泳、唱歌、跳舞等等。

练习 2：【提示】若教室里没有地图，教师最好准备一张世界地图和一张学生本国的地图。

练习 3：让学生注意“过”的位置的规律性，尤其是在离合词中“过”的位置。最后一道题不需要加“过”，考察学生是否能够记住规则。

练习 4：（1）“过”应在动词后。

（2）“动词 + 过”说的就是以前的事情，所以句中的“以前”应删去。

（3）“过”应插入离合词中间。

（4）“常常”跟“过”不可一起用，应删去其中的一个。

（5）“有时候”不能跟“过”一起用，应删去其中的一个。

练习 5【提示】 教师先带领学生玩一遍，再让学生自己分组进行游戏。游戏进行过程中，教师可以在 PPT 上展示参考词语。

要点梳理 ⑮

先给出“主语 + 动词 + 过（+ 宾语）”，让学生说出相应的句子，然后给出 PPT 上的例句。最后学生再读一遍。以此类推，每给出一种结构形式，都先让学生说出相应的句子，再给出 PPT 上的例句。

课后任务 ⑯ 完成一篇作文，题目：我的童年。

相关扩展 ⑰

这里的“过”用在动作动词后，表示该动作现在已结束；这里的“了”用在动作动词后，表示该动作现在还在持续。

从 34

教学目标 ①

学习并掌握“从 + 起点 + 动词短语”的结构形式。

导入例示 ②

教师：我们现在在哪个国家？

学生：在中国。

教师：对，我们现在在中国，那我们从哪儿来中国的呢？

【提示】也可以用“我们现在在哪儿”“在教室”等来导入。

知识演练 ③－⑧

③ 教师：我们可以说“我从法国来”，“法国”是起点。（给出：从 + 起点 + 动词短语）

操练 ④－⑧

教师：我们看这幅图，她们手里拿的什么？

学生：东西。

教师：她们可能刚从哪儿回来？

学生：商店。

教师：对，我们一起说，她们——（学生说对后给出例句）

其余几题可先给几分钟让学生两人一组进行问答练习，然后，教师再让学生一组一组问答。

【提示】1. 学生回答时不可只说地方，要说完整句，即：主语 + 从 + 起点 + 动词短语。
2. 第二个问题，若学生来自不同国家，可以把问题改成“你从哪个国家来”，由学生接龙问答。

偏误纠正 ⑨

“从……”不可在动词后，只能在动词前。

综合强化 ⑩

要求学生根据实际情况回答，且尽量不与给出的例句重复。

要点梳理 ⑪

先给出“从 + 起点 + 动词短语”，让学生说出相应的句子，然后再给出例句。

课后任务 ⑫

下次课让每个人汇报一下调查结果。

相关扩展 ⑬

“从 + 起点 + 动词短语”中的“起点”也可以是时间起点。

35 从……到……

教学目标 ①

学习并掌握“从 + 起点 + 到 + 终点”这一格式。

导入例示 ②

教师：××，你住在哪儿？宿舍？到教室远不远？

学生：不太远。

教师：我们一起说：从 ×× 的宿舍到教室不太远。今天我们学习“从……到……”。

教师可再问几个学生同样的问题，带着学生多说几个这样的句子。

【提示】1.“从……到……”要重读。2. 其他导入方法：可问学生从他们自己的国家到中国远不远、坐飞机大概要多长时间。

知识演练 ③④

③ 教师：我们再读一遍这个句子。（读完）我们看，“宿舍”是起点，也就是我们出发的地方；“教室”是终点，也就是我们到达的地方。“从宿舍到教室”，就是——

（给出：从 + 起点 + 到 + 终点）

【提示】可让学生快速替换起点和终点，依次说出一个“从……到……”的短语。

> **操练 ④**
>
> 学生两人一组，互问互答。待大部分学生完成三组问答后，可以找几组同学向大家展示他们的对话。

偏误纠正 ⑤

在汉语中一定是起点在前、终点在后，只能说“从……到……”，而不能说“到……从……”。

综合强化 ⑥

让学生两人一组，交叉提问，分别说一说从自己家到医院（或者麦当劳、电影院、健身房、超市、公园）远不远？要多长时间？

【提示】教师要提醒学生回答时要说完整句，加上“从我家到……”。

要点梳理 ⑦

先给出“从……到……”这一结构形式，然后让学生依次说出相应的句子。

课后任务 ⑧

提醒学生可加上去某个地方的方式，如：学校离电影院很远，坐公共汽车要半个小时左右。

相关扩展 ⑨

“从……到……”也可用于时间的起点和终点。

向、往 36

教学目标 ①

学习并掌握“向 / 往 + 方向 + 动词短语”这一结构形式。

导入例示 ②

教师：我们看这幅图，这是什么？

学生：十字路口。

教师：对。我们先看一下这四个方向。（复习“东、西、南、北”四个方向）你们看，车这样开，人这样走，怎么说呢？

知识演练 ③ – ⑤

③ 教师：我们可以说“车向 / 往南开”“人向 / 往西走”。这就是——

（给出：向 / 往 + 方向 + 动词短语）

> **操练 ④⑤**
>
> 让学生先再熟悉一下方向，然后两人一组，互相问答。如
>
> A：小明往哪儿走？ B：小明往东走。
>
> 【提示】复习方位时，教师可任意指向一个方位，学生应快速说出来相应的词语；或教师说出一个方位，学生要快速指出来。

偏误纠正 ⑥

“向”不只表示方向，还可以表示对象，所以后边可以加人；“往”只表示方向，所以后边不可加人。

综合强化 ⑦⑧

练习 1：可让学生接龙问答，问的人要说：“我在……，要去……，怎么走？”

【提示】注意图中的每个地方都要说到；每个同学的问题中的地方都要有变化。

练习 2：先让学生集体作答，然后让个别学生说明对或错的原因。

【提示】1. 句子要一组一组地给出，让学生在对比中判断对与错。2. 注意第三组都是对的，因为“向”和“往”都可以表示方向。

要点梳理 ⑨

每给出一种结构形式，先让学生说出相应的句子，然后再给出例句。

课后任务 ⑩

在课上先由同桌指定某个要去的地方，课后写出去这个地方怎么走。下次课教师可进行抽查，

检验学生对“向”和“往”的掌握情况。

相关扩展 ⑪

表示动作行为的方向时，“向”“往”“朝”可以互换。另外，“朝”有“面对着”的意思，“向”“往”没有这个意思。

教学小贴士

如何进行语法导入设计？

教师若在讲解语法时一开始就用艰涩难懂的语法术语，就会让学生望而却步，产生畏难情绪。因而，语法导入环节至关重要。那么，如何进行语法导入呢？

1. 就地取材，将周边环境中的人或物作为教学资源，如利用教室的物品导入存现句。
2. 形象演示，生动展现语法点的内涵，如教师走出教室，再走进教室，导出趋向补语。
3. 以旧带新，自然引出新知识，如用“把”字句导出“被”字句。
4. 设置情境，在“运用”中理解意义，如教师让学生打开书，由此导出兼语句。
5. 给出结构形式，在替换中掌握规则，如给出“去＋地方＋做什么”，让学生按照这个结构形式说句子，导出连动句。
6. 两两对比，领会异同，如通过对一组例句中“就”和“才”的语义区别导出该语言点。

当然，语法导入的方法还有很多。我们可以根据某个语言点自身的特点灵活运用。

离 37

教学目标 ①

学习并掌握表达距离的两种常见格式：

1. A 离 B+ 远 / 近

2. A 离 B+ 距离数

导入例示 ②

教师：从教室到食堂，走路 5 分钟。远，还是近？

学生：近。

教师：从学校到机场，开车 1 个小时。远，还是近？

学生：远。

教师：那么，这样的情况用一句话怎么说呢？这就是我们今天要学的语法。

【提示】例句的选择：要选择学生熟悉的两个地点或建筑物进行导入，如校园内的两个地方。

知识演练 ③－⑩

③ 教师："从教室到食堂，走路 5 分钟，近"，用一句话说就是"宿舍离教室很近"或者"教室离宿舍很近"。

"从学校到机场，坐车 1 个小时，远"，用一句话说就是"学校离机场很远"或者"机场离学校很远"。这几个句子都是——

（给出：**1. A 离 B+ 远 / 近**）

操练 ④

教师：我们看这幅图，先说说这是哪里，对，是教室。看看小村在哪里？好，在这里（圈出"小村"，并给出——离……近 / 离……远）。那么，小村离谁近呢？

学生：小村离大卫很近。

教师：还可以说："大卫——"

学生：离小村很近。

给出上面两个句子，再让学生读两遍。

以此类推，说出后面的句子。

【提示】此题可根据本班学生与座位的实际情况进行操练。

⑤ **（1）A 与 B 距离大**

教师：我们看这幅地图，这儿是中国。这儿是美国。它们的距离——

学生：远。

教师：比较远？还是非常远？

学生：非常远。

教师：对。这个时候，我们可以说“中国离美国比较远”。或说“美国——”
学生：离中国比较远。
给出例句。以此类推，再给出第二个例句。
这种距离很远的表达，要用——
（给出：A 离 B+ 很 / 比较 / 有点儿 / 非常 + 远）

> **操练 ⑥**
> 此题让学生根据所给词语和实际情况说句子，可分组比赛，看哪组写出的句子又对又多。

⑦ **(2) A 与 B 距离小**

教师：我们再看这幅地图，这儿是中国。这儿是蒙古。它们远还是近？
学生：近。
教师：那我们可以说——
学生：中国离蒙古很近。
教师：好。那么，中国和日本呢？
学生：也近。
教师：一样近吗？
学生：不一样。
教师：那我们怎么说呢？想一想。
学生：中国离日本有点儿近。
教师：好，请大家注意：距离近的时候，我们一般不说“有点儿近”，说“比较近”或者“很近”。所以，这时候我们应该说“中国离日本比较近”。
（给出：A 离 B+ 很 / 比较 / 非常 + 近）

> **操练 ⑧**
> 具体方法同前 ⑥

⑨ **（给出：2.A 离 B+ 具体数字 + 公里 / 米）**

教师：我们看这张地图上，北京和东京的距离是 2478 公里。我们可以说 “北京离东京 2478 公里”。宿舍和食堂的距离是 500 米。我们可以说——
学生：宿舍离食堂 500 米。

> **操练 ⑩**
> 可两人一组，例：
> A：北京离天津多远？
> B：北京离天津 120 公里。

偏误纠正 ⑪

1. “一点儿”不能用在形容词前，用在形容词后有比较的意思；“有点儿”用在形容词前表示程度，同时有不满意 / 不喜欢的意味。

2. 表示“好 / 积极”等方面的意义的时候，不能用“有点儿”，要用“比较”。

3. “从”的后面接“起点”，要说“从 A 到 B……”，“离”的后面接“终点”，“A 离 B……”。

综合强化 ⑫－⑯

练习 1：以分组比赛的形式看看哪组说出的句子又多又快。

让每个组先把想到的句子写出来，然后，每组派一个学生念出来。最后，教师根据学生完成的速度和质量排出名次。

练习 2：指定不同学生做，学生每做对一个句子，都要再读一遍。最后让学生看答案的规律性，进一步强化距离表达的规则。

练习 3：让学生自己改，每改对一题后再读一遍。再次强调“离”的位置、“一点儿”和“有点儿”的区别、“很、非常”等副词修饰形容词时要紧挨着形容词。

练习 4：让学生两人一组用刚学完的 3 个句型完成句子，可以采用比赛的形式，看看哪组说得又快又准。

练习 5：以接龙的方式，让学生自由运用教室里学生的位置进行造句练习。

要点梳理 ⑰

先给出结构形式，让学生说出相应的句子，然后再给出例句。

课后任务 ⑱

要跟学生强调最好先说二者之间的距离是远还是近，然后可能的话，再说一下二者之间的具体距离。要尽量用上距离表达的三种形式。

相关扩展 ⑲

这个句型中主语可以省略，用“有”指两个时间之间的距离，用“还有”时则强调两个时间之间剩下的距离。

38 一点儿、有点儿

教学目标 ①

理解并掌握“有点儿”和“一点儿”的意义与区别，学会正确使用“有点儿”和“一点儿”：

1. “有点儿＋形容词”和“形容词＋一点儿”
2. “形容词＋了＋一点儿” 和 “形容词＋一点儿＋了”
3. 动词＋（了）＋（一）点儿＋（名词）

导入例示 ②

交代情境。

教师：这件衣服怎么样？

学生：大。

教师：那买衣服时我们会说“这件衣服有点儿大，有没有小一点儿的？”这里的“有点儿”和“一点儿”是我们今天要学习的语法。

知识演练 ③－⑩

③ 1. “有点儿＋形容词”和“形容词＋一点儿”

教师：我们来读一遍这个句子——这件有点儿大。（读后）“大”是形容词。

（给出：有点儿＋形容词）

教师：她喜欢这件大的衣服吗？

学生：不喜欢。

教师：所以，“有点儿”在形容词前有不太满意、不太喜欢的意思。我们再读一遍右边这个句子——有没有小一点儿的？（读后）“小”也是形容词。

（给出：形容词＋一点儿/点儿）

教师：她希望买比这件小一些的衣服，所以“一点儿”在形容词后有“比较”的意思。

> **操练 ④⑤**
>
> 教师：我们看这幅图，老板说“不能再便宜了！”那买东西的人可能说什么了？
>
> 学生两人一组讨论后分角色完成对话。
>
> 教师：客人试鞋，鞋肥了，想要比这双瘦的。应该怎么说？
>
> 学生两人一组完成对话后抢答。

⑥ 2. “形容词＋了＋一点儿” 和 “形容词＋一点儿＋了”

教师：我们先读一下左边这些句子。（读后）我们看看这些句子，都有“一点儿”，还都有什么？

学生：有“了”。

教师：对。形容词和“一点儿”中间都有“了”。

（给出：形容词＋了＋一点儿）

教师：这时跟“有点儿＋形容词”的意思差不多，有不太满意的意思。我们再来读一遍右边这些句子。（读后）这些句子跟前面那些句子有什么不一样？

学生：“了”在后面。

教师：对。

（给出：形容词＋一点儿＋了）

教师：这时是“越来越好了”的意思。

操练 ⑦

用“形容词＋了＋一点儿”和“形容词＋一点儿＋了”说句子。

教师可以先带着学生做第一小题，强调“形容词＋了＋一点儿”是不太满意的意思。“形容词＋一点儿＋了”是越来越好的意思。

⑧ 3. 动词＋（了）＋（一）点儿＋（名词）

让学生读两遍例句。

教师：“一点儿”前面还可以用动词，后面加名词。

给出：动词＋（了）＋（一）点儿＋（名词）

教师：这时，是数量少的意思。

操练 ⑨ ⑩

教师：看第一幅图，这两个小孩想干什么？

学生：喝水。

教师：用“动词”加“一点儿”怎么说？他们想喝——

学生：一点儿水。

教师：那下面这个小女孩呢？已经喝了——

学生：一点儿水。

教师：好，现在你们把这两个句子完整地说一遍。

此题可让学生两人一组讨论后抢答。

偏误纠正 ⑪

1. 表示比较时“一点儿”应该在形容词后面。
2. “有点儿”应该在形容词前面。
3. “一点儿”应该在动词后面，名词前面。

综合强化 ⑫－⑰

练习 1：让同桌合作完成，然后每人说一个句子，并说明为什么用“一点儿”或“有点儿”。

练习 2－3：让学生自己改，然后轮流说出改后的句子，并简单说明原句错误何在。

练习 4：填完后接龙读一遍。

要点梳理 ⑱

分别给出“有点儿 + 形容词”“形容词 + 一点儿”“动词（了）+（一）点儿 +（名词）”三种形式，让学生说出相应的句子，再给出 PPT 上的例句。

课后任务 ⑲

请学生尽量多使用“有点儿”和“一点儿”，注意区别二者用法。

相关扩展 ⑳

“一点儿”和“一些”都可以表示数量，“一些”表示的数量比“一点儿”多；“一些”可以表示人的数量，“一点儿”不能。

39 （主语+）动词+结果补语

教学目标 ①

学习并掌握几种常见的结果补语及其否定形式：

1. 动词 + 形容词
2. 动词 + 完
3. 动词 + 到
4. 动词 + 好
5. 否定：没 + 动词 + 结果补语

导入例示 ②

教师：老师在干什么？

学生：擦黑板。

教师：黑板干净了吗？

学生：干净了。

教师：我们可以说：黑板擦干净了。“擦”是动词，“干净”就是结果补语。

【提示】还可以用“听写准备好了吗”“作业写完了吗”等导入。

知识演练 ③－㉝

③ **1. 动词 + 形容词**

教师：老师刚才擦黑板了，“擦”了以后干净了，所以我们可以说：黑板擦干净了。“干净”是“擦”的结果，这就是结果补语。

（给出：动词 + 形容词）

> **操练** ④－⑦
>
> 每做一小题，都要先熟悉图片及可能用到的词语。然后，学生轮流作答，说对后给出句子。

⑧ **2. 动词 + 完**

教师：这个句子里，动作是“写作业”，动词是“写”；结果是都写了，完了。所以，这里“完”就是结果补语。宾语“作业”放在前面或者后面都可以。

（给出：动词 + 完）

> **操练** ⑨－⑬
>
> （1）鼓励学生多说句子，只要语法正确即可。
>
> （2）可四人一组充分讨论，编好对话后两人一组表演。

⑭ **3. 动词 + 到**

教师：这个句子里，动作是“找”；结果是找到了。所以，这里“到”就是结果补语。“动词 + 到”可以表示动作达到了目的。

（给出：动词 + 到——表示动作达到了目的）

> **操练 ⑮ - ⑱**
>
> ⑲ 教师：刚才我们知道了“动词 + 到”可以表示动作达到了目的。现在，拿出书，请翻到 40 页。好，我们学到第几课了？
>
> 学生：我们学到第五课了。
>
> 教师：对。“动词 + 到”还可以表示动作到达的位置。
>
> （给出：动词 + 到——表示动作到达的位置）
>
> 【提示】学到第几课和翻到第几页应根据实际情况替换。
>
> **操练 ⑳ ㉑**
>
> 请每个学生根据自己的情况回答。

㉒ 教师：刚才我们知道了“V+ 到”可以表示动作达到了目的；也可以表示动作到达的位置。我们今天几点下课？

学生：我们两点半下课。

教师：对，也可以说“我们上到两点半”。“动词 + 到”后面还可以加时间。

（给出：动词 + 到 + 时间）

> **操练 ㉓ ㉔**
>
> 还可以让学生根据自己的时间安排用结果补语说句子。

㉕ 教师：“动词 + 到”后面不仅可以加时间，还可以加地点。（拿起一个学生的手机）请放到书包里。请放到桌子上。（学生做相应的动作）

教师：“动词 + 到”后面可以加地点。

（给出：动词 + 到 + 地点）

> **操练 ㉖ ㉗**
>
> 第一个练习可以让学生进行情景会话。如：学生打电话订外卖，讲清要什么，送到哪里。要说清地址。第二个练习还可以引导学生把句子替换成“作业送到办公室”。

㉘ **4. 动词 + 好**

教师：这个句子里，动作是“写作业”，动词是“写”；结果是写完了，写好了。“好”是结果补语。

（给出：动词 + 好）

> **操练 ㉙ - ㉛**
>
> （1）此题较容易，让学生集体作答即可。
>
> （2）提醒学生重复使用“学好汉语”这一形式。

㉜ 5. 否定：没 + 动词 + 结果补语

结果补语的否定，是在动词前加“没”。有“没”的时候，不能用“了”。

> **操练** ㉝
> 提醒学生口语常用“还没……呢”的形式。

偏误纠正 ㉞

结果补语必须紧跟在动词之后，中间不可插入名词性成分。

综合强化 ㉟ ㊱

练习 1：注意宾语和补语的位置。

练习 2：可以两人一组互问互答，也可以接龙问答。教师要提示学生用完整的“动词 + 结果补语”回答问题。

要点梳理 ㊲

每给出一种结果补语的形式，都先让学生说出相应的句子，然后再给出例句。

课后任务 ㊳

要求学生运用结果补语描述一天的生活，尽量运用多个结果补语的形式。

相关扩展 ㊴ ㊵

结果补语表示动作变化的结果，多用于已经发生；可能补语表示可能或不可能，多用于未完成的行为或未发生的情况。

（主语＋）动词＋动量补语 40

教学目标 ①

学习并掌握动量补语和动量补语的常见句式：

1. 动量补语：动词＋数词＋动量词

2. 动词＋（了／过）＋动量补语＋宾语

3. 动词＋动量补语＋宾语（地点）

   动词＋宾语（地点）＋动量补语

4. 动词＋代词＋动量补语

导入例示 ②

教师：（指着 PPT 上的句子“我们读两遍”）来，我们一起读一遍。（学生读完一遍后）好，我们再读一遍。（学生读完第二遍后）很好，我们读了两遍。“两遍”就是我们要学习的“动量补语”。

知识演练 ③－⑮

③ **1. 动量补语：动词＋数词＋动量词**

教师：“我们看三遍。”就是说“看”这个动作要进行三次。动量词就是动词的量词；动量补语就是在动词后用来表示动作行为进行的数量的。

（给出：动词＋动量补语）

④ 教师：常用的动量词有哪些呢？我们看看这张表。

让学生试着读出常用的动量词及例句。例句可多读几遍。

> **操练 ⑤**
>
> 用“动量补语”说句子。
>
> 先让学生读一遍情境，然后学生两人一组先讨论一下，最后，教师找学生回答。

⑥ **2. 动词＋（了／过）＋动量补语＋宾语（一般名词）**

教师：我们先读一遍这个句子“我们读了两遍课文”，好，我们看一下“课文”在什么的后边？

学生：在“两遍”后边。

教师：那“了”和“过”呢？

学生：在“读”的后边。

教师：很好。

（给出：动词＋〈了／过〉＋动量补语＋宾语〈一般名词〉）

> **操练 ⑦**
>
> 若学生做错了，教师可指着“动词＋（了／过）一下＋动量补语＋宾语”的相应部分给予提醒。让学生自己纠正，学生答对后，再齐读两遍。

⑧ **3. 离合词**

教师：我们读两遍这个句子，（待学生读完后）动量词在哪儿？

学生：在“游泳”中间。

教师：对，“两次”在“游”和“泳”的中间。当动量补语和离合词同时出现时，动量词要插入离合词中间。

> **操练 ⑨**
>
> 让学生注意这些词跟“游泳”一样都是离合词。可以先给出1小题的答案，让学生读两遍，然后让学生独立完成2、3、4小题。

⑩ **4. 动词＋动量补语＋宾语（地点）**

动词＋宾语（地点）＋动量补语

教师：我们一起读一下这两个句子。

（待学生读完后）好，我们看一下这两个句子有什么不一样。（待学生找出后）对，一个“医院”在动量词后，一个“医院”在动量词前，这两个句子都是对的。

（给出：动词＋动量补语＋宾语〈地点〉，动词＋宾语〈地点〉＋动量补语）

教师：如果宾语是地点的话，在动量补语后、在动量补语前都是对的。

> **操练 ⑪－⑬**
>
> 可让学生先说出图片中的物品名称或是地点，再两人一组互问互答。
>
> 【提示】教师应提醒学生注意宾语的不同：第1、2小题宾语“中餐”和“电影”是一般名词，所以一定要在动量词语后边；第3小题宾语“中国银行”是地方，所以在动量词语前后都可以。

⑭ **5. 动词＋代词＋动量补语**

教师：我们先读一遍这个句子。（读完后）“她”在哪儿？

学生：在“两次”前边。

教师：“她”是代词，当宾语是代词时，宾语放在动词的后边，动量词前边。

（给出：动词＋代词＋动量补语）

> **操练 ⑮**
>
> 让学生先读出这些词语再造句。提醒学生注意代词的位置。

偏误纠正 ⑯⑰

动量补语应当放在代词宾语的后面，名词宾语的前面；离合词带动量补语，应当置于离合词的中间。

综合强化 ⑱－㉑

练习1：让学生先分组讨论一下，并把完成的句子全部写出来，每组派一个人读出来，若有错误，教师引导学生自己改过来。

练习2：教师将准备好的写着指令的纸条发给每一个学生，学生按照纸条上的指令做动作，其他学生猜出相应的动词及动量补语。
练习 3：要求学生尽量根据自己的实际情况回答。
【提示】教师要提醒学生回答时要尽量使用完整句。

要点梳理 ㉒ ㉓

每给出一种结果补语，都先让学生说出相应的句子。最后，把所有的句子再齐读一遍。
【提示】教师应再强调一下这些规则的不同，可以这样总结：
一般名词做宾语在动量补语后；
代词做宾语在动量补语前；
处所词做宾语在动量补语的前后都可以。

课后任务 ㉔

教师提醒学生尽量多用几种动量补语形式。

相关扩展 ㉕

动词后的宾语是确定的人名时，这个宾语放在动量补语的前面或后面皆可。

（主语 +）动词 + 时量补语 41

教学目标 ①

学习并掌握“动词 + 时量补语”的四种结构形式：

1. 动词 + 时量补语
2. 动词 + 时量补语（的）+ 一般名词宾语
3. 动词 + 人称代词 / 称呼 + 时量补语
4. 来 / 去 / 到等非延续性动词 + 时量补语

导入例示 ②

教师：你昨天晚上几点睡的？

学生甲：11 点多睡的。

教师：今天早上几点起的？

学生甲：7 点多起的。

教师：一共多长时间？

学生甲：8 个多小时。

教师：以上对话可以这样说：你昨天晚上睡了几个小时？我昨天晚上睡了 8 个多小时。

【提示】还可以由“学生几点到教室的”导出“来了多长时间了”。

知识演练 ③－⑭

③ 昨天晚上我睡了 9 个多小时。

1. 动词 + 时量补语

在动词后面说明时间的多少的部分就是时量补语，如例句中的“九个多小时”。

④（给出图片）

教师：火车怎么了？

学生：开走了？

教师：开走多长时间了？

学生：十分钟。

教师：我们用“动词 + 时量补语”怎么说呢？

学生：火车开走十分钟了。

操练 ⑤

教师：她怎么了？

学生：病了。

教师：多长时间了？

学生：3 天。

> 教师：我们用“动词＋时量补语”怎么说呢？
> 学生：她病了3天了。

⑥ 让学生根据“他们每天晚上10点到11点复习”这句话，用“动词＋时量补语”进行问答。先是两人一组自己练习，然后，教师再随机找出两两一对的学生进行问答。如：
他们每天晚上复习多长时间？
他们每天晚上复习一个小时。

⑦ **2. 动词＋时量补语（的）＋一般名词**

他们在中国学了两年（的）汉语了。
带时量补语的动词同时带一般名词的宾语时，时量补语要放在动词后、一般名词前。时量补语和一般名词之间可以有“的”，也可以没有“的”。

> **操练⑧－⑩**
> 看图说句子，让学生随意加上一个时量补语。
> 【提示】当有学生语序说错时，可用“动词＋时量补语（的）＋一般名词”的格式提醒他，让他自己改过来。
> 通过例句让学生自己找出离合词带时量补语的规律。然后，让学生多读几遍。为后面的练习打好基础。

⑪－⑬先让学生看图随意加上主语和时量补语说句子，然后再给出例句。
我　等　他　15分钟了。

3. 动词＋代词＋时量补语

宾语是代词时，要放在动词后、时量补语前。
当学生语序出现问题时要用“动词＋代词＋时量补语”的规则来提醒他。
⑭ 他　到　北京　10多分钟了。

4. 非持续性动词＋宾语＋时量补语

动词是非持续性的（到、回、来、去等），宾语要放在动词后、时量补语前。
⑮ 让学生全部改写完后抢答，看谁答得又快又好。

偏误纠正 ⑯－⑱

1–3. 时量补语应在处所名词宾语的后面。
4. 时量补语应在动词和一般名词宾语的中间。
5. 时量短语应在否定词语前做状语，而不可在带有否定词语的动词后做补语。
6. 时量补语应在人称代词宾语的后面。

综合强化 ⑲－㉑

注意第四个句子应改为：（4）她已经两天没上课了。
还要告诉学生时量词语放在动词前就不是补语了，是状语。
此题可用分组比赛的形式来做。看哪组做得又快又好。

可让做完的学生举手轮流回答，每做对一题，要让这个学生再领读一遍组合后的句子。

要点梳理 ㉒

每给出一种结构形式，都先让学生说出相应的句子，然后再给出例句。

最后把全部例句再齐读一遍。

课后任务 ㉓

教师要做写前指导，举例子说明要求，如：

我上午上三个多小时的课；我晚上学习两个多小时。

相关扩展 ㉔

动词后的宾语是确定的人名时，这个宾语可以放在时量前，也可放在时量后。

42 （主语 + ）动词 + 得 + 形容词；（主语 + ）形容词 / 心理感觉动词 + 极了；（主语 + ）形容词 / 动词 + 得 + 小句

教学目标 ①

学习并掌握以下三种常见的情态补语：

1. 主语 + 动词 + 得 + 形容词
2. 形容词 / 心理感觉动词 + 极了
3. 形容词 / 动词 + 得 + 小句

导入例示 ②

教师问学生今天是几点来上课的。并选择一个最早的和一个最晚的，带领学生说出句子："×××__点来的""×××__点来的"（给出这两个句子）。

教师：8 点上课，小丽 7 点就来了，她来得——？

学生：很早。

教师：8 点上课，小红 8 点 40 来的，她来得——？

学生：很晚。

教师：这时我们可以说——小丽来得很早。小红来得很晚。

给出这两个句子，齐读两遍。

【提示】学生名字及到校时间应根据本班的实际情况灵活替换。

知识演练 ③－⑫

教师：请大家看这两个句子，"小明"和"小红"是主语，那么"开"是什么词？

学生：动词。

教师：动词后面是什么？

学生："得"。

教师："快"和"慢"是什么词？

学生：形容词。

教师：非常好。

（给出：**主语 + 动词 + 得 + 形容词**）

再齐读一遍两个句子。

* 这种情态补语是在动词后表示评价的。

操练 ④⑤

给出女孩儿吃饭又快又多的动态图。

教师：大家看这幅图，这个小女孩在干什么？

学生：吃饭。

教师：我们用“主语＋动词＋得＋形容词”怎么说呢？
学生答对后给出两个句子，再让学生齐读一遍。
请学生看第二幅图说句子，教师先介绍这个动物叫“豹”，并将汉字及拼音写在黑板上，再让学生说句子，待学生说对后给出句子，齐读一遍。
两人一组互问互答。
【提示】1. 提醒学生用完整的句子回答。2. 可适当让学生自由发问，如：你每天来得早吗？周末你起得晚不晚？

⑥ 给出图片和“她的衣服很好看”“她很伤心”。
教师：先读一遍这两句话。好，这两句话我们还可以这样说：“她的衣服好看极了”“她伤心极了”。给出句子，齐读两遍。
⑦ 教师：我们来看这两个句子，“好看”是形容词；“伤心”是心理动词；“极了”是“非常”的意思。
给出：**形容词 / 心理动词＋极了**
* 这种情态补语是在形容词或心理动词后面表示程度的。
【提示】此处涉及心理动词，教师无需过多解释，只要让学生熟悉一下最常用的几个心理动词即可。

操练 ⑧ ⑨
教师：大家看这个客厅怎么样？用“形容词＋极了”怎么说？
待学生说对后给出答案，齐读两遍。
给学生几分钟时间独立完成。可让学生轮流读出改后的句子，若有错误，启发学生自己纠正，待三个句子都做对后再给出全部答案，齐读两遍。

⑩ 教师：我们先看这个小男孩，他怎么了？他难过——
学生：极了。
给出：他难过极了。
教师：对，他难过极了。因为难过，他饭都不想吃了。我们还可以说——
他难过得饭都不想吃了。
让学生齐读两遍。
教师：我们看“得”前面是动词“难过”，“得”后面不是一个词，是一个小句。
给出：**主语＋动词＋得＋小句**
教师：我们再看下面这幅图，她热极了，因为太热，她什么事情也不想做。我们可以说——
给出：她热得什么事也不想干。
教师：我们一起读两遍。这里“热”是形容词。
给出：**主语＋形容词＋得＋小句**
* 这种情态补语是用在动词或形容词后描写动作或状态的。

操练 ⑪ ⑫
教师先让学生熟读给出的待改写的句子，理解图片的内容。然后让学生两人一组讨论一下，并写出改写后的句子。

教师让各组轮流读出改写后的句子。待各组都读完后，给出答案。再齐读两遍。
【提示】若学生做起来有难度，可以用前面给出的两个句子启发引导学生。如：“因为难过，他饭都不想吃了”，可以说“他难过得饭都不想吃了”。那“他因为笑，肚子都疼了”，还可以怎么说呢？
此题由于有前面两小题的基础，难度不大，可直接让学生独立完成，采取抢答的方式，说对后给出改写后的句子，再齐读一遍。
【提示】教师要提醒学生注意，“紧张”是形容词，“笑”和“困”，是动词。

偏误纠正 ⑬

1. 表示描写、评价意义的情态补语，不可以省略“得”。
2. “得”前边不能是名词，只能是动词或形容词。

综合强化 ⑭－⑯

练习 1：教师可让学生先读一读给出的语句和例子。然后给学生几分钟小组讨论时间。
让学生先把四个小题都做好以后，再轮流作答。每答对一题，给出一个答案，齐读一遍。最后把全部正确的句子读一遍。
练习 2：教师：大家看这幅图，请大家说说这幅图的内容。
可让学生独立思考完成，然后，由学生依次说出自己完成的句子。学生说对的句子，要全体再重复一遍，说错的，启发学生自己改过来。最后，教师给出全部参考答案再齐读一遍。
【提示】不要拘泥于答案，只要学生用上情态补语说出正确的句子即可。要鼓励学生说出更多的句子。
练习 3：以分组比赛的形式看看哪组写出的句子又多又准确。每组做完后马上将自己写出的句子交给教师。然后，教师让每组读出自己完成的句子。
教师根据句子的质量和数量评出胜负，带领学生重复正确的句子，纠正错误的句子。
【提示】分组时应考虑到学生的水平尽量均衡一些。

要点梳理 ⑰

每给出一种情态补语，都先让学生说出相应的句子，再给出例句。
最后把所有的例句再齐读一遍。
【提示】“得”后加小句的形式较难，教师尽量启发引导学生把课上所学的这类句子全部复习一遍。

课后任务 ⑱ 用所学句式描述昨天发生的事情。

先让学生将例文读一遍，找出其中运用情态补语的句子。

相关扩展 ⑲

“情态补语＋宾语”有两种形式：可以在动宾短语后再重复动词或把宾语放在动词前面。

43 （施事主语+）动词+受事+动词+得+形容词；（施事主语+）受事+动词+得+形容词

教学目标 ①

使学生掌握这两个句式的意义，并能正确使用。

导入例示 ②

教师：请大家看这幅图片，他是——？大家都知道他是杰克逊，他唱歌怎么样？

学生：很好听。

教师：他跳舞怎么样？

学生：很棒。

教师：我们可以说——

【提示】其他导入方法：可以让某个学生读课文或到黑板上写汉字，然后问大家他读得怎么样或写得怎么样。

知识演练 ③－⑥

③ 1. 施事＋动词＋受事＋动词＋得＋形容词

学生齐读例句“他唱歌唱得很好听；他跳舞跳得也很棒”。

（给出：施事＋动词＋受事＋动词＋得＋形容词）

教师：这个句式是对事情的结果或状态进行评价的。

（给出：对事情的结果或状态进行评价）

> **操练 ④**
>
> 学生两人一组完成句子后，再就此句提出问题，然后向大家展示对话。

⑤ 2. 施事＋受事＋动词＋得＋形容词

教师：“她唱歌唱得很好听”，还可以这样说“她歌唱得很好听”，也就是说可以省略第一个动词。

（给出：施事＋受事＋动词＋得＋形容词）

> **操练 ⑥**
>
> 学生接龙完成，一人说出原句，一人说出改写后的句子。

偏误纠正 ⑦

“得”不能加在名词后面，只能加在动词后面。

综合强化 ⑧－⑩

练习 1：可让学生逐题抢答。

练习 2：两人一组，全部做完后抢答。

练习 3：全班接龙问答，提醒学生尽量根据自己的实际情况回答。

要点梳理 ⑪

给出两种句式及例句，学生读完例句后，依次说出一个新句子。

课后任务 ⑫

请学生问中国朋友几个问题，每个问题都要写出两种形式的答案，下次课交上来。

相关扩展 ⑬

这种句式的否定形式“不”要放在“得”的后面或形容词的前面。

教学小贴士

听力课如何进行预热？

每段语料都有其相关的背景知识，这些知识有的是学生熟悉的，有的是学生陌生的；有的是储存在记忆表层的，有的是储存在记忆深处的。对那些学生陌生的应做适当的交代，对那些储存在学生记忆深处的应设法激活。所以，在正式听一段语料前应进行适当预热。预热主要有两种方式：

一是就所听内容做背景性提示：看一幅图片或一段影像；用实物引出相关内容；就与听力语料相关的话题提问；让学生讲讲与听力语料相关的亲身经历；让学生说说听到某方面的语料时会想到哪些词语。

二是让学生先熟悉一下备选答案：让学生自己看；让学生轮流读；教师读，学生听，教师读的时候也可以不让学生看书。熟悉备选答案可以使学生预测出语料的话题方向，所以其本身就是一种预热。

注意，选择何种方式做背景性提示和熟悉备选答案要视语料内容而定。

受事+施事+动词+得+形容词 44

教学目标 ①

使学生掌握“受事＋施事＋动词＋得＋形容词”的意义和用法。

导入例示 ②

教师：大家看看李老师写的这些字，怎么样？

学生：很好。

教师：用一句话怎么说呢？

学生：李老师的字写得很好。

教师：对，我们今天还要学习一种新的说法——

【提示】其他导入方法：老师读一段课文，有意读得很慢很慢，然后问学生：这段课文读得怎么样？

知识演练 ③④

③ 教师：我们还可以说“这些字李老师写得很好”。

给出：受事＋施事＋动词＋得＋形容词

教师：要注意这时只说“字”不行，必须是特指的“这些字”才可以。

【提示】教师应多举一些例子，在对比中让学生理解“特指”的含义，如“歌”与“这首歌”、“足球”与“这场足球”等。

> **操练 ④**
>
> 教师可带着学生一起完成第一小题，再次说明“特指”的意义，待学生完全理解题意后再做其余小题。学生分组讨论后抢答，学生答错的题教师要启发学生自己改正。

偏误纠正 ⑤ 当“受事”放在句子的前面时，该“受事”必须是特指的。

综合强化 ⑥⑦

练习1：教师先强调改写时要把动词的对象作为主语；可两人一组完成后抢答。

练习2：可找个别同学回答，答对后全体说一遍。启发学生可以用不同的形容词。

要点梳理 ⑧

给出两个例句，请学生齐读，然后让学生轮流说出其他句子。教师强调句中的受事是特指的。

课后任务 ⑨ 鼓励学生采访时可多问几个问题，下节课大家交流一下。

【提示】教师在布置作业时要再次强调这种句式的主语必须是“特指”的。

相关扩展 ⑩ 这个句型中的形容词也可以用其重叠形式。

45 简单趋向补语的本义

教学目标 ①

学习并掌握以下简单趋向补语的本义：

1. 动词 + 上 / 下
2. 动词 + 起
3. 动词 + 进 / 出
4. 动词 + 来 / 去
5. 动词 + 回
6. 动词 + 开
7. 动词 + 过

导入例示 ②

教师：我们来看这幅图，这些鸟刚才是在地面上，现在呢？

学生：在天空中。

教师：从地上到天上，鸟是向上还是向下飞的？

学生：向上。

教师：对，所以我们可以这样说“鸟飞上天空了”。

【提示】其他导入方法：还可以用一幅“猴子爬上树了”的图片导入。

知识演练 ③－㉓

③ 1. 动词 + 上 / 下 +（地方）

教师：我们来看这幅图，你都看到了什么？

学生：他们上飞机。

教师：对，可以说“他们走上飞机”。那下面这幅图呢？我们看，这是相反的，“上”的反义词是——

学生：下。

教师：那我们可以怎么说呢？

学生：人们走下飞机。

教师：非常好。“上”是从低向高，“下”是从高向低。

（给出：动词 + 上 / 下 + 名词）

操练 ④⑤

先让学生熟悉图片内容以及相应的动词，如“爬”和“跳”。待学生说出正确句子后再给出答案。

【提示】教师可适时用相应的手势启发引导学生说出正确的句子。

⑥ **2. 动词 + 起 + 名词**

教师：你们看老师在做什么？（教师慢慢拿起粉笔，让学生看清楚从下到上的方向）这是“拿起粉笔”。

（给出：动词 + 起 + 名词）

教师：“上”和“起”都表示从低的地方到高的地方，那它们有什么不一样呢？我们看这两个句子，“上”和“起”后面的词一样吗？

（待学生发现不同后）教师：对，用“上”的时候，后面是地方，而用“起”的时候，后面是一般名词。

> **操练 ⑦ ⑧**
>
> 先让学生熟悉给出的动词和图片的内容，然后可逐题抢答。
>
> 【提示】教师可以利用周边实物适当增加一些练习，如：教师做举起一本书、搬起课桌、拿起杯子（笔）等动作，让学生说出相应的句子。

⑨ **3. 动词 + 进 / 出**

演示“进、出”这两个动作方向后，给出句子。

教师：我们一起读一遍这两个句子。“进”是从外向里；“出”是从里向外。

（给出：动词 + 进 / 出）

> **操练 ⑩ ⑪**
>
> 先让学生认读图片内容，说说相关词语，然后可集体作答。

⑫ ⑬ **4. 动词 + 来 / 去**

演示“来、去”这两个动作，让学生注意这两个动作的方向，然后给出例句。

教师：我们来一起读这两个句子。我们要注意“去”的方向是从近向远的，而“来”的方向从远向近的。

（给出：动词 + 来 / 去）

> **操练 ⑭**
>
> 先让学生认读图片内容及给出的前半句话，尤其是“新郎新娘”“终点”等词语。

⑮ **5. 动词 + 回**

演示“回”这个动作方向，然后给出句子。

教师：我们来一起读这个句子。刚才老师在哪儿？

学生：在里面。

教师：然后呢？

学生：走到外面。

教师：现在呢？

学生：在里面。

教师：好，这时候我们就可以用“回”表示回到原来的地方。我们一起来读这个句子。

（给出：动词 + 回）

操练 ⑯

先让学生认读图片内容，读一读前半句话，并适时提示学生用什么动词，如：第一幅图可以用“跑”或“走”；第二幅图用“飞”。

⑰ **6. 动词＋开**

教师：你们看，（老师打开门）老师做什么了？

学生：开门。

教师：对，老师打开了门。这里的“开”是表示本来在一起的东西分开了。

（给出：动词＋开）

操练 ⑱

教师先演示“张”这个动词，然后指着嘴唇说：开始它们在一起，然后又分开了，所以，我们可以说——

学生答对后给出答案。

【提示】可增加一些练习，如可演示睁开眼睛、打开书等动作，让学生说出相应的句子。

⑲ **7. 动词＋过**

教师：上面这幅图是飞机，下面这幅图是高山，我们看有什么变化？这个变化要怎么说呢？我们可以这样说——飞机飞过高山。（给出例句）

⑳ 教师：我们一起读一遍。这里的“过”表示经过的地方。

（给出：动词＋过）

教师：现在大家来说说，你来上课的时候都路过什么地方？

㉑ 教师：“过”还可以表示一个东西从一个地方换到另一个地方，我们看这幅图，花是谁买的？

学生：男生买的。

教师：对，花原来在男生那里，对吧？现在呢？

学生：在女生那里。

教师：我们可以说“女生接——”

操练 ㉒

教师可让学生两人一组先讨论一下，各组再轮流说出答案。

【提示】不必拘泥于例句，只要学生回答是正确的就应给予肯定鼓励。

㉓ 教师：“过”的第三个意思是表示从一个方向换到另一个方向，那么这两幅图片我们怎么说呢？

给出例句：她转过身。她回过头。

让学生读两遍。教师再轮换做“转过身”“回过头”的动作，让学生快速说出相应的词语。

偏误纠正 ㉔

1.“起”的后面可以加普通名词，“上”的后面要加处所名词。

2. 表示趋向的动词后面一般不用“来、去”。
3. “了”要放在趋向补语的后面。
4. 处所宾语放在补语后面。
5. “起”表示的是由躺到坐或由坐到站。
6. “开”是有目的地远离一个地方，这里的意思是“经过”。

综合强化 ㉕－㉚

练习 1：
【提示】为节省时间，教师可事先准备好带有这些指令的小纸条，发给学生。
练习 2：两人一组，每个对话都给出几分钟的讨论时间，哪组准备好了哪组就分角色读出已完成的对话。若有错误，待全部小组读完后再一起纠正。最后可以男生和女生分角色再读一至两遍。
练习 3：学生可以三到四人一组讨论一下，回答时先说明错误原因，再说出正确的句子。
（1）“进、回”这样的趋向动词后面一般不带“来、去”。
（2）“起”的后面可以加普通名词，“上”的后面是处所名词。
（3）东西回到原来的地方用“回”。
（4）有目的地远离一个地方用“开”。

要点梳理 ㉛

先给出结构形式让学生回忆相应的例句，最后让学生集体读一遍例句。

课后任务 ㉜

用每种趋向补语写一个指令，下节课以“你说我做”的游戏复习这节课的知识。

相关扩展 ㉝

简单趋向补语后加“了”，“了”应该放在补语后，不能放在“来”的前面。

简单趋向补语的引申义 46

教学目标 ①

学习并掌握以下简单趋向补语的引申意义：

1. 动词 + 上（+ 宾语）
2. 动词 + 下（+ 宾语）
3. 动词 + 过（+ 宾语）

导入例示 ②

教师：大家看老师，（教师合上书）跟我说，“合上书”。这里的“上”是以前学的从低处到高处的意思吗？

学生：不是。

教师：那是什么意思呢？这是我们今天要学习的语法。

【提示】其他导入方法：由关上门、戴上帽子等动作导入。

知识演练 ③－⑳

③ **1. 动词 + 上（+ 宾语）**

教师：大家一起再读一遍这两个句子。这里的“上”是“闭、合”的意义。

（给出：表示闭、合）

> **操练 1** ④
>
> 接龙回答，一个人读前边的短语，一个人说后边的短语。
>
> 教师可先举一个例子：A 说“打开书”；B 要说“合上书”。
>
> **操练 2** ⑤
>
> 教师：一个人说，另一个人做，比如一个人说“关上门”，另一个人就去关上门。好，现在开始。
>
> 该练习可采用接龙形式，由一个人开始发出指令，第二个人完成动作，接着第二个人再发出指令，由第三个人完成动作，以此类推。

⑥ 教师：大家看老师手里拿的是什么？

学生：帽子。

教师：对，你们看老师（戴上帽子），跟我说，“戴上帽子”。大家再看，这是什么？

学生：手表。

教师：对，你们看老师（戴上手表），大家跟我说，“戴上手表”。这里的“上”意思是“添加”。

（给出：表示添加）

操练 1 ⑦

先让学生快速读出图片对应的词语。然后轮流说出一个短语。

操练 2 ⑧

学生自由提建议，可抢答。

⑨ 教师：大家看这幅图，这个同学学习非常努力，他最后“终于考上了大学”。这里的“上”的意思是“目标的实现”。

（给出：表示目标的实现）

操练 ⑩

教师：这是小张，他怎么样？

学生：努力工作。

教师：对，因为他想买一个新房子。最后他住——

学生：住上了新房子。

【提示】启发学生说出完整的一句话，由于句子较长，可让学生多说几遍。

操练 ⑪

学生两人一组讨论后，互问互答。

⑫ 教师：大家喜欢中国吗？

学生：喜欢。

教师：有没有人是来中国以后才喜欢上中国的？

学生：有。

教师：“喜欢上中国”是喜欢中国了，而且一直到现在都喜欢中国。

（给出：表示动作开始并持续）

操练 ⑬ ⑭

教师：这是马克和文森，他们在做什么？

学生：聊天。

教师：对，我们可以说他们一见面就怎么样了？

【提示】注意离合词有“上”作补语时，只能加在动词性语素后。

学生可分组比赛，看哪组说出的句子又多又好。

【提示】此题较难，教师可适时进行引导，如可变换主语。

⑮ **2. 动词 + 下（+ 宾语）**

教师：大家看老师，（教师摘下帽子，给出例句）一起说，“摘下帽子”。

再看老师，（教师摘下手表，给出例句）一起说，“摘下手表”。这里的“下”意思是“分离、分开”，帽子和老师的头分开，手表和老师的手分开。

（给出：表示分离、分开）

操练 ⑯

可让学生依次作答。

【提示】最后教师任意指向某一物品，让学生快速说出相应的搭配，如：教师指鞋，学生马上说“脱下鞋”。然后，让学生两人一组做此练习。

⑰ 教师：大家看看我们的教室，能坐多少个人？
学生：20 个人。（应为班级能坐下的实际人数）
教师：对，大家一起读一遍这个句子，“我们教室能坐下 20 个人”。
（给出：表示某个空间能容纳多少人或多少东西）

> **操练 ⑱**
> 此题两人一组互问互答，可以根据自己的书包、笔袋的大小来回答。教师可以找几个组为大家展示他们的对话。

⑲ **3. 动词＋过（＋宾语）**
教师：坐公交车的时候，有时候因为跟好朋友聊天，有时候因为睡着了，到站了没有下车，这是“坐过站了”。
（给出：表示超过了合适的点）

> **操练 ⑳**
> 提示学生坐车超过了要下车的站，是说“坐过站”，睡觉超过了应该起床的时间后面要用“点”，也可以说“睡过头了”。

偏误纠正 ㉑

1. 动词后需要加上趋向补语表示动作的结果。
2. 有“了”时不需要再加趋向补语。

综合强化 ㉒－㉜

练习 1：每一页的题可以让学生先全部填好，然后再轮流快速回答，最后再给出全部答案，齐读一遍所有短语。
练习 2：教师先带着学生一起讲一遍这个故事。
教师：李雷和韩梅梅是高中同学，后来他们一起，考——
学生：考上了北京大学。
教师：在大学，李雷爱——
学生：爱上了韩梅梅。
教师：韩梅梅也——
学生：爱上了李雷。
教师：大学毕业以后，他们就结婚了。结婚的那天，韩梅梅——
学生：穿上了婚纱。
教师：在婚礼上，李雷对韩梅梅说“现在你——”
学生：闭上眼睛。
教师：李雷给韩梅梅——
学生：戴上了戒指。
教师：结婚以后，他们努力工作，终于住——

学生：住上了新房子。

教师：他们的房子很大，能——

学生：住下 10 个人。

教师：一天早上，韩梅梅去上班，她——

学生：穿上鞋。

教师：然后——

学生：锁上门。

教师：韩梅梅坐公交车去上班，结果一不小心——

学生：坐过站了。

教师：因为她太困了，所以——

学生：睡过头了。

教师：还好她上班没有迟到。下班以后，韩梅梅在路上遇到了几个朋友，于是就聊——

学生：聊上了。

教师：聊了一会儿，她就回家了。到家以后，她——

学生：脱下外衣。

教师：然后开始做饭，李雷一回到家，就能——

学生：吃上可口的饭菜。

教师：他们每天都是这样，——

学生：过上了幸福的生活。

【提示】教师要注意 PPT 页面与语言叙述的配合，使整个故事具有连贯性，同时，在需要填空的地方，要尽量启发学生自己说出答案。

33－35 学生根据图片集体再复述一遍这个故事，然后可接龙复述。

要点梳理 36

先给出“动词＋上（＋宾语）”，让学生说出有几种意义和用法，然后再给出例句。

以此类推，每给出一种趋向补语，都先让学生说出有几种用法及相应的句子，再给出例句。

课后任务 37

让学生写一写自己在出门之前和回家之后都会做些什么，要求使用本节课所学的简单趋向补语的引申意义。下节课分享给大家。

相关扩展 38

简单趋向补语还有其他引申意义，如“上”表示达到一定数量，“下”表示固定，“起”表示进入新的状态，“出”表示从无到有等。

复合趋向补语的本义 47

教学目标 ①

学习并掌握以下复合趋向补语的本义：

1. 动词 + 上来 / 上去
2. 动词 + 下来 / 下去
3. 动词 + 进去 / 出来
4. 动词 + 进来 / 出去
5. 动词 + 回来 / 回去
6. 动词 + 过来 / 过去
6. 动词 + 起来

导入例示 ②

教师：叶子怎么了？

学生：叶子落……

教师：（手向下指）叶子落下来了。

教师：图片上的人拿着什么？

学生：气球。

教师：看，（手向上指）气球飞上去了。

【提示】其他导入方法：教师可以通过自身动作示范引出复合趋向补语，例如“拿起来 / 放下去”“走出去 / 走进来”等。

知识演练 ③ – ㉔

③ 教师：刚才我们说“叶子落下来了”“气球飞上去了”，“落下来”和“飞上去”这样的短语就是今天我们要学习的语法。

（给出：动词 + 复合趋向补语）

教师：常见的复合趋向补语有这样一些——

给出表格，并让学生读出表格中的复合趋向补语，建议一组一组地读，如：上来 / 上去、下来 / 下去。

④ **1. 动词 + 上来 / 上去**

教师：“我在这里，快爬上来吧”，“我”是说话人，他让另外一个人爬上来，另一个是动作人。“动词 + 上来”是说动作由低到高、并向着说话人方向移动的。

再让学生读两遍例句，边读边用手做由下向上、由远及近的动作，让学生体会“动词 + 上来”的意义。

教师：我们看，还是这张图片，我们看下面的人。这个人说“她爬上去了”，这个人是说话人。另外那个人是动作人。这也是由低向高，但跟“上来”不一样，“上去”是动作人离开说话人所在的地方。

带领学生再读一遍例句。边读边用手做出由下向上、由近及远的动作，让学生体会“动词＋上去”的意义。

> **操练** ⑤ ⑥
> 教师要适时提示说话者和动作者的位置。
> 【提示】可以适当增加一些操练。例如：你在一楼，同学在三楼给你打电话，他说“你快____吧，大家都等你呢”。你说“我现在不能____，田中病了，我要陪她去医院”。

⑦ 2. 动词＋下来／下去

教师：看看这个孩子在做什么？上面的男孩说：他——跳下去了，再来看下面的男孩，他说：他——跳下来了。

教师要边说边做相应的手势。

教师：这里的“下来”动作向着说话人靠近；这里的“下去”是动作离开说话人。动作方向都是向下的。

> **操练** ⑧ ⑨
> 教师：请大家看看这两幅图，哪个应该用“走下去”，哪个应该用“走下来”？
> 【提示】教师要适时提醒学生哪个是说话人、哪个是动作者，动作者是离开说话人还是靠近说话人。

⑩ 3. 动词＋进去／出来

教师：先看下面动作者的动作，（放映图片中人物动作）说话人应该说——他走进去了。再看上面动作者的动作，（放映图片中人物动作）说话人应该说——他走出来了。“进去”是说话人在外面，动作人从外边到里边。“出来”也是说话人在外面，动作人是从里到外。

> **操练** ⑪ ⑫
> 先让学生一起读出问题，学生说对后，要问问为什么。

⑬ 4. 动词＋进来／出去

教师：先看动作者的动作，（放映图片中人物动作）说话人应该说——他走出去了。

再看下个动作者的动作，（放映图片中人物动作）说话人应该说——他走进来了。“出去”是说话人在里面，动作人从里边到外边。“进来”也是说话人在里面，动作人是从外到里。

> **操练** ⑭ ⑮
> 在学生读到“跑进来”和“跑出去”时教师要加上相应的手势。

⑯ 5. 动词＋回来／回去

教师：（指着图上的老师）老师问：“小林呢？”

学生：小林忘了带书，跑回去拿书了。

教师：（指着图上的妈妈）小林的妈妈怎么说？

学生：你怎么跑回来了？

> **操练 ⑰ ⑱**
> 在学生读到“回来”和“回去”时教师要加上相应的手势。

⑲ **6. 动词 + 过来 / 过去**

教师：美女走过来了，他很开心。可是，他又不开心了，为什么？（给出例句）美女又走过去了。

【提示】在学生读到“走过来了”和“走过去了”时教师要加上相应的手势。

> **操练 ⑳ ㉑**
> 根据所给动词，用“动词 + 过来 / 过去”格式完成对话。两人一组。

㉒ **7. 动词 + 起来**

教师：大家看，他举起来一个很重的东西。

进行“老师做大家说”的活动，教师做动作，如：拿起来一本书、举起来一支笔、坐下以后站起来等，让学生用“动词 + 起来”造句描述老师的动作。

> **操练 ㉓－㉔**
> 根据所给动词，用“动词 + 起来”格式完成对话。两人一组。

偏误纠正 ㉕

1. 当宾语是处所宾语（表示地点的词或短语）时，宾语一定要放在“来”或“去”的前面。
2. “了”应放在复合趋向补语的后面。

综合强化 ㉖－㉙

练习 1：给学生几分钟时间，让学生把所有空都填上。然后让学生依次读出填好的句子，若有错误，启发学生自己改过来。最后教师再带着学生复习一下相关的规则。

练习 2：让学生尝试独立完成，可以让同桌间互相批阅，教师再找学生依次读出改后的句子。

练习 3：教师引导学生注意每一幅图动作的方向和说话人的位置。

练习 4：要用上本课所学的复合趋向补语结构。先猜对的学生可以抽取一张指令卡做动作。以此类推。例如：请你搬起来一张桌子；请你掏出来 5 元钱。

要点梳理 ㉚－㉟

每给出一种趋向补语及相应例句，都先让学生分别说出说话者和动作者的位置，再放映 PPT 上的动画。

课后任务 ㊱

教师在布置作业时让学生齐读一遍例文，并要求学生尽量多准备一些句子。

【提示】句子的内容应适合在课堂上实际操作或表演。

相关扩展 ㊲

趋向补语表示动作或事物发展的趋向，而可能补语表示可能或不可能。

复合趋向补语的引申义 48

教学目标 ①

学习并掌握以下复合趋向补语的引申义：

1. 动词 / 形容词 + 起来
2. 动词 / 形容词 + 下来
3. 动词 / 形容词 + 下去
4. 动词 + 出来
5. 动词 + 过来
6. 动词 + 过去
7. 动词 + 上来
8. 动词 + 上去

导入例示 ②

教师：看，天现在是暗的，然后亮了。这样的情况我们还可以说——天亮起来了。

【提示】其他导入方法：除了图片导入法还可以利用当时的天气变化，如：暖和起来了、凉起来了、热起来了、冷起来了。还可以利用周围事物的变化，如：汽车多起来了、东西贵起来了等。

知识演练 ③－㊳

③ 教师："天亮起来了"，意思是天开始亮了，而且越来越亮了。

给出：**1. 动词 / 形容词 + 起来**（1）表示动作或状态的开始并继续

> **操练** ④⑤
>
> 可让学生分组讨论完成。
>
> ⑥ 让学生轮流快速加上"起来"，若说错了，由学生自己纠正。

⑦ 教师：我们看这幅图，左边有很多化妆品，右边的化妆品都放在盒子里了。我们可以说：把化妆品装起来了。

给出：（2）表示由分散到集中（配以手势）

> **操练** ⑧
>
> 先让学生思考用哪个动词，可以用"装"，也可以用"收拾"。

⑨ 教师：你们想一想，来中国第一顿饭是在哪儿吃的？谁想起来了？

玛丽：我是在学校食堂吃的。

教师：她想起来了！她是在食堂吃的（给出例句）。现在，你们要用"我想起来了，我是在______吃的”说一句话。

给出：（3）表示回忆起忘记的事情

【提示】1. 要根据班里学生的真实情况替换学生名字和吃饭地点。2. “想起来了”，有时也说“记起来了”。

操练 ⑩

男生一组、女生一组互换问答。

操练 ⑪

根据所给词语两人一组到教室前边，一个表演，一个说句子。

⑫ **2. 动词 / 形容词 + 下来**

教师：这些风景怎么样？很好看吧？你们看到好看的风景会怎么样？

学生：照相。

教师：对，看到好看的风景，我们就想把它照下来。

给出：（1）使什么固定、停留，确定不变

教师：“照下来”就是把人或物留在照片上了。

教师可以创设语境，引导学生说出“停下来”“写下来”等词语。

操练 ⑬

第 1 小题集体作答；第 2 小题个别作答。

⑭ 教师：邮票原来在信封上，现在不在了；帽子原来在衣架上，现在也不在了。邮票和信封分开了，帽子和衣架分开了。给出两个短语，读一遍。

给出：（2）使事物分离

【提示】教师可以用身边事物进行示范，加深学生理解。如：摘下眼镜、手表等。

操练 ⑮ ⑯

可让学生抢答。

⑰ 教师：我们看，10000 米长跑，长不长？

学生：很长。

教师：10000 米长跑很长，他很累很累，但是他跑下来了。

给出：（3）表示动作或状态从过去持续到现在到最后。

教师：“他跑下来了”就是说他完成了 10000 米长跑，从开始一直到最后。

操练 ⑱

完成句子后，让每个学生快速说一遍。

⑲ 教师：看，教室很吵吧？

学生：对。

教师：现在呢？

学生：安静了。
教师：对，上课了，所以教室安静下来了。给出例句，齐读一遍。
给出：（4）表示由动到静、由明到暗等的程度变化，强调开始出现并继续
教师：“教室安静下来了”，意思是从不安静到安静了。快天黑的时候，天从亮到暗，可以说“天暗下来了”。

操练 ⑳
两人一组分别快速说出 A 句和 B 句。

㉑ **3. 动词 / 形容词 + 下去**
教师：看，这个女孩以前110斤，过了几天再看，呀，80斤了。瘦得太快了，这样对身体不好。我们要告诉她“别减肥了，你再瘦下去就危险了”。
给出例句，学生读两遍。
教师：这里的“下去”是继续的意思。
（给出：动词 / 形容词 + 下去）
㉒ 可分组比赛，看哪组做得又快又好。
㉓ **4. 动词 + 出来**
教师：我们看，这位同学在算“1+1=？”。啊，有答案了，他“算出来”了。一开始这道题有没有答案？
学生：没有。
教师：对，“算”了以后才有了答案。这时我们可以说“算出来了”。
给出：（1）表示一个动作使事物出现或产生结果，从无到有
教师：“出来了”就是开始没有结果，后来有结果了。

操练 ㉔
可让学生抢答。

㉕ 教师：看这张图片，你看出来她是谁了吗？谁看出来了？
学生：我看出来了！她是赫本！
给出：（2）表示通过动作识别、分辨人或事物，由隐蔽到暴露
教师：“看出来了”意思是开始不很清楚，仔细看了以后，看清楚了。

操练 ㉖
可用小组比赛的方式，最先做对全部小题的为胜。

㉗ **5. 动词 + 过来**
教师：这个病人手术前是——昏迷的，也就是什么也不知道了，手术后醒了，什么都明白了。这个情况我们可以说“手术后，她终于醒过来了”。
给出：表示从非正常状态到正常状态或从错的改成对的
教师：“昏迷”是正常的吗？

学生：不是。

教师：那“醒”呢？是正常的吗？

学生：是。

教师：对，从不正常到正常，所以，我们说“他醒过来了”。

> **操练 ㉘**
> 此题比较容易，可全班一起说出答案。

㉙ 6. 动词 + 过去

教师：他病得很厉害，后来晕过去了，什么都不知道了。

（给出：动词 + 过去）

教师：这是从正常状态到不正常状态。所以，“动词 + 过去”和“动词 + 过来”的意思正好相反。“醒过来了”是从不正常到正常，而“晕过去了”是从正常到不正常。

㉚ 教师：看他，三天没吃饭了，很饿，昏倒了。用“动词 + 过去”应该怎么说呢？

> **操练 ㉛**
> 可学生分组讨论，全部做完后以小组为单位抢答。

㉜ 7. 动词 + 上来

教师：大家看，后面的人离前面的人越来越近了。这时候前面的人在想：他快追上来了，我得快点儿！

给出：（1）表示接近某物，从远到近

教师：再看第二幅图，老师的问题不难，我会，可以说“我能答上来”。

给出：（2）表示有能力做某事

【提示】可适当扩展，如：我们班的学生家都住在哪儿，你能说上来吗？

（给出：动词 + 上来）

> **操练 ㉝**
> 这两个小题的难度在于用什么动词，教师可多让一些学生回答，必要时给予启发。第一小题也可以用“追上来了”。

㉞ 8. 动词 + 上去

教师：看，还是他们两个，后面的人快要追上前面的人了，所以他在想：快追上去了，我要再快点儿！这里“追上来”是说后面的人离自己越来越近了，而“追上去”是离别人越来越近了。

给出：（1）表示接近某物，从远到近

教师：我们看这张表上开始没有照片，后来加上了照片，这种情况我们可以说“照片贴上去了”。

给出：（2）添加

（给出：动词 + 上去）

操练 ㉟ ㊱

第一幅图教师可适时提示动词“赶”。

【提示】可适当扩展，如：我们写好信封后要把邮票贴上去；爷爷年纪大了，看报纸时要把眼镜戴上去。

偏误分析 ㊲ ㊳

1. “唱歌”是离合词，应该把补语放在动词“唱”的后面；“歌”是一般名词，放在“起来”中间。
2. 表示由分散到集中，应该用“起来”。
3. 照相表示使什么固定，应该用“下来”。

综合强化 ㊴－㊹

练习 1：每人依次做一小题，说对了，全体重复一遍，说错了，下个学生改。

练习 2：第二小题有些难度，教师可适时提示学生应该用动词“扎”。

练习 3：可让学生集体作答，再让个别学生说一遍。

练习 4：此题有难度，要给学生充足的思考时间，下课前每个人写出的句子要作为课堂作业交给老师。

要点梳理 ㊺－51

先给出例句，再让学生说明各句中的复合趋向补语在该句中的意义、用法。

课后作业 52

让学生读一遍例文，并说明其中趋向补语的意义，再给学生一些具体指导。

相关扩展 53

“下去”指动作从现在到将来，“下来”指从过去到现在。

动词 + 得 / 不 + 结果补语；动词 + 得 / 不 + 趋向补语 49

教学目标 ①

学习并掌握以下几种可能补语及否定形式：

1. 动词 + 得 / 不 + 见
2. 动词 + 得 / 不 + 着
3. 动词 + 得 / 不 + 了 (liǎo)
4. 动词 + 得 / 不 + 趋向补语

导入例示 ②

教师：（指着 PPT 上的字）能看见吗？

学生：能看见。

教师：我们也可以说：看得见。（教师闭上眼睛）现在能看见吗？

学生：不能。

教师：我们可以这样说：看不见。

【提示】还可以用书的封面上或教室里地图上的大字和小字导入。

知识演练 ③ – ㉓

③ 1. 动词 + 得 / 不 + 见

教师：贤一，你看得见大卫书上的字吗？（两个人的座位很远）

（在学生说出正确的句子后，给出：动词 + 得 / 不 + 见）

【提示】名字要替换为自己班级学生的。

> **操练 ④ – ⑥**
>
> 不要拘泥于答案，只要能正确运用“动词 + 得 / 不 + 见”即可。

⑦ 2. 动词 + 得 / 不 + 着

教师：这里的“着”（zháo）表示动作有了结果。

（给出：动词 + 得 / 不 + 着）

> **操练 ⑧ – ⑪**
>
> 第一个练习也可以做一些小纸条，上面写着要买的铅笔、衣服、词典等等。让学生抽签，学生抽到一个词，要说在书店是否买得着。或者做两种纸条，一种是商店的种类，一种是物品种类，让学生抽签后用“买得 / 不着”自由问答。
>
> 其它练习可以让学生两人一组互问互答，只要语法正确即可，可以是“抓得着吗？”也可以是“抓得着”，还可以是“抓不着”。

⑫ 3. 动词 + 得 / 不 + 了 (liǎo)

教师：今天天气非常好，我很想去郊游，但有课，不能去。“不能去”也可以说“去不了”。
教师：玛丽，你的手机打得了国际电话吗？
学生：打得了。
教师：“动词 + 得 + 了 / 不了”表示动作是不是能实现。
（给出：动词 + 得 / 不 + 了〈liǎo〉）
【提示】教师要根据班里学生的具体情况，替换对话中的名字。

操练 ⑬－⑮
要提醒学生说出完整的句子或问答，如：“他生病了，上不了课”，可接龙说，每人一句。
【提示】不必拘泥于给出的提示词语，可让学生随意发挥，只要能用上“动词 + 不了”即可。

⑯ 注意：“动词 + 不了”的两种用法及意义。
教师：我们看这碗饭，是不是太多了？这个时候我们可以说“太多了，我吃不了”。这个时候，“吃不了”是吃不完的意思。
我们再看这个菜，看上去是不是很辣？这时候说“太辣了，我吃不了”，是我不能吃的意思。
⑰ 尽量启发引导学生说出结论：第一个“用不了”是不能用的意思；第二个“用不了”是用不完的意思。
⑱ **4. 动词 + 得 / 不 + 趋向补语**
教师：手机可以装进书包里吗？
学生：可以。
教师：这时我们可以说“装得进去”，那手机可以装进笔袋里吗？
学生：不能。
教师：这时我们可以说“装不进去”。
（给出：动词 + 得 / 不 + 趋向补语）

操练 1 ⑲－㉑
两人一组互问互答，做好后抢答。
操练 2 ㉒
两人一组用“你想得起来吗？”交叉提问，还可以多对一地以采访形式问某个同学或老师。
操练 3 ㉓
若学生都不熟悉这个演员，可以换成教师小时候的照片。还可以用班里同学的照片做这个练习，更有意思。

偏误纠正 ㉔
1. 表示禁止做什么的时候，只能用“不能”。
2. “把”字句中，只能用“能 / 不能”，而不可用可能补语。
3. 可能补语的否定形式只能用“动词 + 不 + 其他”，不可用“不能 + 动词”替换。

综合强化 ㉕ ㉖

指导学生运用可能补语进行填空和对话。遇到可能补语的否定形式应予以强调。

要点梳理 ㉗

先给出可能补语的结构形式，让学生说出相应的句子，然后再给出例句。注意强调“动词 + 不了”的两种用法及意义。

课后任务 ㉘

尽可能两个人一组共同完成作业，下次课在全班同学前表演做好的对话。

相关扩展 ㉙ ㉚

可能补语表示可能或不可能；“能”表示客观可能或主观具有某种能力。

教学小贴士

听力课如何快速了解学生选择的答案？

要想快速了解学生的判断，以确定大概有多少学生听懂了语料，可给每个学生做三个小牌子：

正反面分别为 A 和 B

正反面分别为 C 和 D

正反面分别为 × 和√

每听完一道选择题或判断正误题后可让学生举牌，表明自己给出的答案。这种办法可使教师对学生的反馈一目了然。

也可用其他方式，如让学生举手表明自己的判断，教师依次让选择某项答案的学生举手。那些 90% 以上的学生都回答正确的语料，就没有必要重新听一遍；而那些大部分同学都回答错误的语料，则要多听几遍。

主语＋是＋宾语 50

教学目标 ①

学习并掌握“是”字句的肯定形式、疑问形式及否定形式：

1. 肯定形式：主语＋是＋名词
2. 疑问形式（1）：主语＋是＋名词＋吗？
   疑问形式（2）：主语＋是不是＋名词？
3. 否定形式：主语＋不是＋名词

导入例示 ②

教师：（指着自己）我是老师。（指着玛丽）玛丽，你呢？

玛丽：学生。

教师：对，你是学生。今天我们学习这个“是”。

【提示】要把“玛丽”换成自己班里学生的名字，国籍也要替换成真实的信息。

知识演练 ③－⑩

③ 教师：我们读一遍这几个句子。（读完）这些都是：主语＋是＋名词。

给出：**1. 肯定形式：主语＋是＋名词**

> **操练 ④－⑥**
>
> 【提示】先让学生读出图片旁的词语，然后再说句子。以下两个练习也是如此。

⑦ **2. 疑问形式**

教师：（给出图片）他们是中国人吗？

学生：不是。

给出：**疑问形式（1）：主语＋是＋名词＋吗？**

教师：（再次给出图片）他们是不是学生？

学生：是。

给出：**疑问形式（2）：主语＋是不是＋名词？**

> **操练 ⑧**
>
> 让学生先读出例句，然后再改成疑问句。先个别做，再集体读。

⑨ 教师：你们是中国人吗？

学生：不是。

教师：对，你们不是中国人。南希（名字应换成自己班学生的）是老师吗？

学生：不是。

教师：对，南希不是老师。我们读一遍这两个句子。

给出：**3. 否定形式：主语 + 不是 + 名词**

操练 ⑩

教师：下面的句子"……不是……"怎么说呢？

【提示】让学生先读出例句，然后再改成否定形式。

偏误纠正 ⑪

1. "是"的否定只能在前面加"不"。
2. 在正反疑问句中，句末不可以再加"吗"。

综合强化 ⑫－⑮

练习 1：可先让学生读出所给的词语，然后再连词成句。

练习 2：用"是"字句两种疑问形式提问，先进行肯定形式的回答，然后再进行否定形式的回答。

【提示】在做这个练习前，先让学生说说这几幅图是什么。

要点梳理 ⑯

先给出句式，让学生说出相应的句子，然后再给出例句，学生齐读一遍。

课后任务 ⑰

给出例子，让学生读一遍。下节课可让学生分享一下所写的作业。

相关扩展 ⑱

"是"和"在"表示存在时主语和宾语的顺序正好相反。

方位短语＋是＋名词（短语） 51

教学目标 ①

学习并掌握“方位短语＋是＋名词（短语）”这一句式的用法。

导入例示 ②

教师：（指教室）这是什么地方？

学生：是教室。

教师：对，（指黑板）这是什么？

学生：是黑板。

教师：对，教室前面是黑板。

【提示】1.“是”要重读。2.其他导入方法：可以就学生之间的座位关系来提问，如：大家看，金艺美旁边是谁？或者就老师手里的东西来提问。

知识演练 ③－⑥

③ 领读句子，然后给出：方位短语＋是＋名词（短语），再给出例句，齐读一遍。

操练 1 ④⑤

教师先带着学生一起做出第一个问答，然后学生两人一组互问互答。

操练 2 ⑥

此题比较容易，可让个别学生回答，答对后大家齐读一遍即可。

偏误纠正 ⑦

1.“在”表示存在时，地点要放在前边；“是”字句中“方位短语”放在前面。

2. 方位短语应在“是”前，名词（短语）应在“是”后。

3. 方位短语应是大家都明白、确定的方位。

综合强化 ⑧－⑮

练习 1：先让学生思考，试着说一说，再给出正确答案。

练习 2：给几分钟时间，让学生独立完成，再个别提问。

练习 3：让学生自己改，每改对一题后要强调一遍相应的规则。

练习 4：给出例子，让学生参照例子互相问答，或者采取分组的形式，看哪个组说对的句子多。

练习 5：让学生根据例句和提示，完成句子。补充完整后先分别读出每个句子，再连在一起读。可根据此题，来说说自己学校周围是什么地方。

练习 6：可分组比赛，看哪组用“方位短语＋是＋名词”说出的句子多。

要点梳理 ⑯

先给出"方位短语＋是＋名词（短语）"，让学生尽量多说一些相应的句子，然后再给出例句，齐读一遍。

课后任务 ⑰

可以要求学生拍一张房间图片，下次上课时向大家介绍。

相关扩展 ⑱

表示存在的"是"和"有"虽然句子格式可以一样，但是表示的意思不一样。

主语＋（没）有＋宾语 52

教学目标 ①

学习并掌握“有”字句的结构形式及基本用法：

1. 肯定形式：主语＋有＋（数量词）＋名词
2. 疑问形式（1）：主语＋有＋名词＋吗？
   疑问形式（2）：主语＋有没有＋名词？
3. 否定形式：主语＋没有＋名词

导入例示 ②

教师：你有几支笔？

学生：三支。

教师：对，阿里有三支笔。今天我们来学习这个“有”。

【提示】1. 学生名字和笔的数量要根据班级学生的真实情况来灵活变化。2. 其他导入方法，可用班级学生人数、学生的其他物品来提问。

知识演练 ③－⑫

③（给出图片，让学生数一下学生人数。）

给出例句：我们班有十二个学生。玛丽有三本汉语书。

给出：**1. 肯定形式：主语＋有＋（数量词）＋名词**

操练 1 ④

教师：我们看这是八月的日历，八月有多少天？一个星期有多少天呢？

学生：八月有 31 天。一个星期有 7 天。

给出上面两个句子，再让学生读两遍。

操练 2 ⑤

教师：我们看这是王红家的照片，王红家有几口人？都是谁呢？

学生：王红家有六口人。

王红家有两个孩子。

王红有一个弟弟。

给出上面三个句子，再让学生读两遍。

⑥ **2. 疑问形式**

教师：你有汉英词典吗？

大卫：没有。

教师：对，他没有汉英词典。玛丽，你有没有汉英词典？

玛丽：有。

⑦ 给出例句：你有汉英词典吗？给出：疑问形式（1）：主语 + 有 + 名词 + 吗？
再呈现第二个例句：你有没有汉英词典？给出：疑问形式（2）：主语 + 有没有 + 名词？

⑧ **3. 否定形式：主语 + 没有 + 名词**

教师：（给出例句）大卫没有汉英词典。

教师：（给出图片）这是阿里家，他有姐妹吗？

学生：没有。

教师：对，一起说：阿里没有姐妹。

【提示】教师要强调“有”字句的否定用“没有”，而不是“不有”。

操练 1 ⑨－⑪

教师：你有哥哥吗？

学生：我有哥哥。

教师：你有没有妹妹？

学生：我没有妹妹。

最好根据事先了解的学生的家庭成员情况来提问。

以下两题先熟悉一下图片，然后让学生两人一组独立完成。

操练 2 ⑫

教师可先带着学生做一个，然后让学生独立完成其他句子。

【提示】让学生先读出肯定句再改成否定句。

偏误纠正 ⑬

1. “没有”的宾语一般不可加量词。
2. “没有”的宾语应该是名词性的。
3. 用“有没有”提问，句末不可再加“吗”。

【提示】强调“有”字句的否定形式用“没有”，宾语前边不用数量词语。

综合强化 ⑭－⑲

练习 1：学生可先读出肯定句，然后再改成否定句和疑问句。

练习 2：先让学生看图说一下，然后给出段落。学生先自己填，填好以后可以让学生齐读一遍，再根据课堂时间让学生复述这段话。

练习 3：先让学生读一下例句，然后再开始做练习。

要点梳理 ⑳

逐一给出“有”字句的三种形式，让学生说出相应的句子，再给出例句。

课后任务 ㉑

可让学生读出例句，加深对“有”字句规则的理解，下节课可让同学读出写完的作业。

相关扩展 ㉒

“没有”还可以用在表示过去的句子末尾来提问，回答时可以直接用“没有”。

方位短语 + 有 + 名词（短语） 53

教学目标 ①

学会熟练使用"方位短语 + 有 + 名词（短语）"这一句式。

导入例示 ②

教师：（指着椅子上的书包问）同学们，这是什么？

学生：是书包。

教师：它在哪儿？

学生：椅子上。

教师：我们可以说"椅子上有一个书包"。椅子下面是什么？

学生：鞋。

教师：几双？

学生：一双。

教师：我们可以说"椅子下面有一双鞋"。

【提示】还可以利用教室内桌子上、黑板上或墙上的物品进行导入。

知识演练 ③－⑤

③ 教师给出句子，并领读。

给出：方位短语 + 有 + 名词（短语）

教师：下面，来看这幅图，桌子上有什么？

学生：桌子上有本子。

教师：对，桌子上有一个本子。

> **操练 ④⑤**
>
> 教师：我们看这几幅图，用"方位短语 + 有 + 名词（短语）"应该怎么说呢？
>
> 教师等待几分钟后，随机找学生回答，回答正确后给出答案。（以此类推）

偏误纠正 ⑥

1. 缺少动词"有"。
2. 正确的语序为"有"前是方位短语，后是名词短语。
3. "处所名词 + 方位词"才能构成方位短语。
4. 方位短语必须是已知的、确定的。

综合强化 ⑦－⑮

练习 1：先让学生熟悉并快速说出图片上的词语和量词，然后再让学生轮流问答。

练习 2：提醒学生注意：1. 名词用作地点的时候一定加方位词，组成方位短语；2. 作主语的名词应该是确定的；3. 缺少谓语动词。

练习 3：让学生试着做，然后朗读正确的句子。

练习 4：给出例子，让学生参照例子、根据提示说句子。还可以说说图片以外的，学生周围的事物。

【提示】可采取分组的形式，比一比哪个组说出的句子多。

练习 5：让学生根据提示，完成句子。补充完整后单句读，再连在一起读，或采取个别读，再集体读等方式，练习朗读。

【提示】先让学生熟悉图片中各种物品的名称，然后再做练习。

要点梳理 ⑯

先给出“方位短语 + 有 + 名词（短语）”，让学生说出相应的句子，然后再给出例句。

课后任务 ⑰

用“方位短语 + 有 + 名词（短语）”的句子，介绍一下你的房间，可在下一节课向大家介绍一下。

相关扩展 ⑱

注意：“有”用在句子开头时后边的宾语都是不确定的或不愿意说出的。

54 主语＋在＋方位短语

教学目标 ①

学习并掌握“主语＋在＋方位短语”这一句式及用法。

导入例示 ②

教师：同学们，我们现在在哪儿？

学生：教学楼。

教师：对，这是教学楼。宿舍在教学楼的什么地方？

学生：东边。

教师：对，宿舍在教学楼东边。

【提示】1. 方位词要重读。2. 其他导入方法：就地图上中国、日本、韩国等的位置向学生提问。

知识演练 ③－⑤

③ 教师：大家看这两个句子，（给出例句并领读）“在”的前面都是地方，“在”的后面都是位置。

（给出：主语＋在＋方位短语）

操练 1 ④

先让学生读一读图中的词语，然后互相问答。一个人问某个地方在哪儿？一个人用“在”说出这个地方的位置。

操练 2 ⑤

先让学生熟悉图中给出的国家名称，然后互问互答。

偏误纠正 ⑥

1. 处所名词后跟复合方位短语组合，才可以组成方位短语。
2. 方位短语的前边应该用“在”，不能用“是”。

综合强化 ⑦－⑩

练习 1：让学生用所给词语和“在”字组合成句，强调处所词和方位短语之间必须用“在”。

练习 2：让学生自己先改，然后教师给出正确答案。

练习 3：根据提示词，让一个学生提问，另一个学生回答，答案不限于给出的例句。

练习 4：根据图片和提示词，仿照例子，让学生将句子补充完整。最后让学生完整地描述一下这个房间。

【提示】若有时间可让学生用此句型互相介绍一下自己的房间。

要点梳理 ⑪

先给出“主语 + 在 + 方位短语”，尽量让学生多说出一些相应的句子。

课后任务 ⑫

让学生先读例句，巩固“在”的用法。下次课要汇报，也可以让学生介绍自己的家。

相关扩展 ⑬

注意：用“是”和“在”都可以表示位置和存在，但是句中主宾语的位置完全相反。

教学小贴士

应该培养学生哪些良好的写作习惯？

“习惯成自然”，从零起点班起就要注意培养学生良好的写作习惯。包括：

1. 规范书写汉字的习惯。
2. 正确使用标点符号的习惯。
3. 写后反复诵读、修改的习惯。
4. 按中文格式书写的习惯。
5. 合理划分自然段的习惯。
6. 注重文面整洁的习惯。

为了培养学生良好的写作习惯，从第一次写作开始就应该让学生使用稿纸。教师可在一张大纸上画上稿纸的方格，写上标题及两三个作为例子的自然段，以此把正确的写作格式传授给学生，并反复强调。同时，让每个学生都准备一本稿纸，每次的作文都要写在稿纸上。

主语 + 年龄 / 籍贯等 55

教学目标 ①

学习并掌握以下三种名词谓语句：

1. 主语 + 年龄
2. 主语 + 籍贯
3. 主语 + 天气

导入例示 ②

教师：我们看这幅图，这是月月和他的爸爸妈妈，大家说说月月多大了？

学生：5 岁。

教师：那他的妈妈、爸爸呢？

学生：妈妈 31 岁，爸爸 34 岁。

教师：对，月月 5 岁；妈妈 31 岁；爸爸 34 岁。

【提示】教师也可以使用自己的全家福照片进行导入，效果更佳。

知识演练 ③－⑪

③ 1. 主语 + 年龄

教师：我们一起读一遍这三个句子。这就是——

（给出：主语 + 年龄）

操练 1 ④

此题很容易，只要学生说出"她 30 岁"就可以。

操练 2 ⑤

先让学生分组介绍自己的家人，介绍完后换到其他组，介绍刚才语伴家人的年龄。例如：他爸爸 45 岁……

⑥ 2. 主语 + 籍贯

教师：我们看这幅图，他是谁？

学生：成龙。

教师：他是哪国人？

学生：中国人。

教师：对，成龙是中国人，也可以说"成龙中国人"。

（给出：主语 + 籍贯）

> **操练** ⑦
> 教师：我们看这幅图，这个女孩儿是吉米，她是哪个国家的？
> 学生：法国。
> 教师：对，是法国。那我们可以怎么说？
> 学生：吉米法国人。
> ⑧⑨处理方法同上。

⑩ **3. 主语 + 天气**

教师：我们看这幅图片，天气怎么样？

学生：阴天。

教师：对，我们可以说“今天阴天”。这就是“主语 + 天气”。

> **操练** ⑪
> 教师：我们再看这幅图，是什么天气？
> 学生：晴天。
> 教师：好，这是明天的天气，一句话怎么说？
> 学生：明天晴天。
> 教师：后天的天气怎么样，大家知道吗？
> 学生根据当时天气预报回答。

偏误纠正 ⑫

1. 汉语主语和谓语年龄之间不能加“是”。
2. 名词性谓语句不可直接在谓语前加“不”。

综合强化 ⑬⑭

练习 1：可以让学生个别作答。在每个学生回答完以后，要集体再读一遍。

练习 2：两人一组互问互答。之后，找几组同学展示他们的对话。

要点梳理 ⑮

先给出“主语 + 年龄”，让学生说出相应的句子，然后再给出例句。最后学生再读一遍。“主语 + 籍贯”“主语 + 天气”的复习方式同上。最后把所有的句子再齐读一遍。

课后任务 ⑯

要求学生写在本子上，下节课交上来，并在课上分享。

相关扩展 ⑰

注意：表示天气和籍贯的名词谓语前可以加动词“是”，意思不变，但表示年龄的名词谓语前一般情况下不能加“是”，只有在表示强调确认的语气时才可以加“是”。

主语 + 时间 / 钱数 56

教学目标 ①

学习并掌握以下两种名词谓语句：

1. 主语 + 时间
2. 主语 + 钱数

导入例示 ②

教师：今天几月几号？

学生：今天 10 月 13 号。

教师：今天星期几？

学生：今天星期三。

教师：现在几点？

学生：现在八点十分。

【提示】教师可以根据实际情况灵活调整日期和时间。

知识演练 ③－⑩

③ 教师：（指着谓语部分）我们来看看这部分都是什么？对，都是时间，这些句子都是——（给出：1. 主语 + 时间）

> **操练 ④－⑥**
> 教师可以提前准备一个教具时钟或者日历，可以随意变换时间，让学生两人一组互问互答。

⑦ 教师：我们来看这件衣服多少钱？

学生：这件衣服 198 元。

（给出：2. 主语 + 钱数）

> **操练 ⑧－⑩**
> 学生每次说出答案，老师都要给出句子，并让学生重复。也可以让学生两人一组互相练习。

偏误纠正 ⑪

1. 汉语里的时间是从大到小的。
2. 钱数可以直接作谓语，不需要加“是”，但在对举时可加“是”，如：“这支笔是三块钱，那支笔是五块钱”，这里的“是”有强调的意味。

综合强化 ⑫－⑮

练习 1：两人一组按照提示，计算出正确的数字，然后互问互答。

练习 2：可让学生把连成的句子写出来，再读一遍。

要点梳理 ⑯

通过问当时的时间、上下课的时间复习“主语 + 时间”；通过问学生课本及文具的价钱复习“主语 + 钱数”，然后再给出小结内容。

课后任务 ⑰

第一题写在纸上，下次课交上来；第二题下次课要课上读出来。

相关扩展 ⑱

1. “时间、钱数”在句子中可以充当各种成分。
2. “时间、钱数”作谓语可以受副词修饰。

请 + 动词 57

教学目标 ①

学习并掌握“请”的以下三种用法：

1. 请 + 动词
2. 请 + 动词短语
3. 请 + 不要 + 动词短语

导入例示 ②

教师：大家看（指图片），这是在哪儿？

学生：在教室门口。

教师：现在有学生要进教室了，老师对她说“请进”。

知识演练 ③－⑩

③ 1. 请 + 动词

教师：看这张图，孩子应该说——“请坐”。“请”后面是动词“坐”。

> **操练 ④**
>
> 教师：我们看这幅图片，有客人来了，这个女的应该说什么？

⑤ 2. 请 + 动词短语

教师：客人进来以后，我们给客人一杯茶，说“请喝茶”。这就是——请 + 动词短语。“喝茶”是动词短语。大家一起说一遍。

> **操练 ⑥ ⑦**
>
> 教师：看这幅图片，天冷了，要关门，怎么说？
>
> 学生：请关门。
>
> 教师：很好。大家一起说一遍。
>
> 教师：上课了，老师说什么？
>
> 学生：请看黑板。
>
> 教师：很好。大家一起说一遍。

⑧ 3. 请 + 不要 + 动词短语

教师：我们看这幅图，图上是哪儿？

学生：图书馆。

教师：女孩说可以吸烟吗？

学生：不。

教师：好，我们可以说“请不要吸烟”，这就是——请 + 不要 + 动词短语，大家一起读一遍。

操练 ⑨ ⑩

教师：上课听音乐对不对？

学生：不对。

教师：那我们怎么说？

学生：请不要听音乐。

教师：对。大家一起读一遍。

处理方法同上。

偏误纠正 ⑪

1. 汉语里要求他人做什么时，“请”应该放在动词或动词短语前，而不能放在最后。
2. 汉语里要求他人不要做什么时，“请”应在“不要”的前面。
3. “客”是“请”的宾语，“请客”不可以再带宾语。

综合强化 ⑫ ⑬

练习 1：可以由教师发出指令，也可以指定几名同学发出指令。

练习 2：先让同学分组做，然后每组说一组句子，最后再一起读一遍正确的句子。

要点梳理 ⑭

给出“请 + 动词”，让学生说出相应的句子，然后再给出例句。以此类推，每给出一种结构形式，都先让学生说出相应的句子，再给出例句。

课后任务 ⑮

完成这项作业时可采用抽签方式决定哪两个人在一组做游戏。

相关扩展 ⑯

“请”在兼语句中，是第一个动词，“请”的宾语同时是第二个动词或动词短语的主语。

吗、吧、呢

教学目标 ①

学习并掌握"吗""吧""呢"的用法及区别：

1. 小句 + 吗？
2. 小句 + 吧？
3. 小句，代词 + 呢？
4. 小句，名词 + 呢？

导入例示 ②

教师：你认识他吗？

学生：认识。

老师：他是中国人吗？

学生：是。

【提示】可以根据学生背景，选取熟悉的人物图片来导入。

知识演练 ③－⑲

③（给出例句后让学生读一遍，再给出：**1. 小句 + 吗？**）

教师：我们不知道她是不是汉语老师的时候，可以用"吗"提问。

> **操练 ④－⑦**
>
> 教师：这个句子我们用"吗"怎么提问呢？
>
> 学生：他是英国人吗？
>
> 可让学生两人一组完成，然后，再找几组读出完成后的对话。

⑧ 教师：这是小红，那这个人（指着妈妈）——

学生：小红的妈妈。

教师：对，这是小红的妈妈，我们可以问：她是小红的妈妈吧？

（给出例句后再给出：**2. 小句 + 吧？**）

教师：我们觉得她可能是小红的妈妈的时候用"吧"提问。

> **操练 1 ⑨⑩**
>
> 学生两个一组完成，然后，再找几组分角色完成问答。可以适时提问学生如果把问句里的"吧"改成"吗"，意思有什么不同。
>
> **操练 2 ⑪**
>
> 学生两人一组把答案写在本子上，改写后一个人读陈述句，一个人读疑问句。
>
> **操练 3 ⑫⑬**
>
> 学生抢答完成。每做完一道题，都让学生说出为什么填这个词，强化"吗"和"吧"的区别。

⑭ 展示对话，让学生读第一轮对话。然后给出：小句，代词 + 呢？
教师：这里的“你呢”就是“你是哪国人”的意思。
然后给出第二个格式：名词 + 呢？
教师：这里的“大卫呢”就是“大卫是哪国人”的意思。
（给出：**3. 小句，代词／名词 + 呢？**）

操练 1 ⑮
先让学生两个一组完成，然后，找几组读出他们完成的对话。
【提示】用答句的主语提示学生问句应该用什么。
操练 2 ⑯ – ⑲
先让学生两人一组完成，再找几组分角色完成问答。
【提示】可以适时提问学生如果把问句里的“呢”改成完整的句子，应该怎么改。

偏误纠正 ⑳ – ㉒

1. 在正反疑问句中，句末不能用“吗”。
2. 用“吗”提问的否定问句，答句若是肯定问句的，要与问句一致。
提醒学生注意：
【提示】1. “大概”与“吧”常常一起用，不能与“吗”一起用。
2. “也许”与“吧”常常一起用，不能与“吗”一起用。
先让学生两人一组纠错，然后再给出正确的句子。
3. 用疑问代词提问的句子，不可再用“吗”。

综合强化 ㉓ – ㉗

练习 1：先让学生两人一组填空，填完后做问答练习。每做完一道题，都让学生说出为什么填这个词，强化“吗”“吧”“呢”的区别。
练习 2：教师根据班级人数将准备好的写着问句或答句的纸条发给学生，先让某个拿到问句的学生读出纸条上的句子，拿到答句的学生根据问句判断自己拿到的是不是相应的答句，如果是，就要读出自己纸条上的句子，这样拿到问句的学生就找到了自己的朋友。全班同学依次完成。
练习 3：先让学生独立完成，然后两人一组读出对话。

要点梳理 ㉘

先给出句型，让学生说出相应的句子，然后再给出例句，最后让学生说说“吗”“呢”“吧”表示的意思。

课后任务 ㉙

先给出例子，让学生读一遍。提醒学生一定要多用“吗”“呢”“吧”。

相关扩展 ㉚

“吧”还可表示提议、命令、请求，“呢”可以表示“……在哪儿”。

谁、什么、哪、哪儿、几、多少、多大、什么时候 59

教学目标 ①

学习并掌握疑问代词的基本用法：

1. 问人：谁
2. 问东西：什么、哪 + 量词
3. 问地方：哪儿
4. 问数量：几 / 多少 + 量词
5. 问年龄、高度、重量：多 + 形容词
6. 问时间：什么时候

导入例示 ②

教师：我们看这些句子。

给出例句，让学生读一遍。

教师：这些句子中，画线的部分要怎么问呢？这就是我们今天要学习的内容——疑问代词。

知识演练 ③ – ㉔

③ 1. 问人：谁

教师：这几个句子都是问人的，对吧？问人的时候，我们可以用——

（给出：问人：谁）

> **操练 ④ ⑤**
>
> 先分组练习，然后一组一组问答，做对后再给出答案。
>
> 【提示】可根据班级老师和学生的姓名以及物品等灵活替换练习。

⑥ 2. 问事物：什么、哪（+ 量词）

教师：回答“我叫王明”，问的是“你叫什么名字”；回答“那是电脑”，问的是“那是什么”；回答“大卫是美国人”，问的是“大卫是哪国人”。

这几个句子都是问事物的，问事物的时候，我们用“什么”或“哪（+ 量词）”。

> **操练 1 ⑦**
>
> 先让学生两人一组自己做。然后再一组一组说，说对后给出答案。
>
> 【提示】这几个句子都可根据学生的实际情况灵活替换。如：第 1 小题可以随意指着书上的某个字问答。
>
> **操练 2 ⑧**
>
> 先让两个学生问答，然后让其他学生两人一组根据实际情况灵活替换。
>
> **操练 3 ⑨ ⑩**
>
> 先让学生熟悉一下颜色，然后可以采用接龙问答的形式，速问速答。

⑪ **3. 问地方：哪儿**

教师：回答是“银行在超市的后面”，问的是“银行在哪儿”。那回答是“我在人民大学上学”，用“哪儿”怎么问呢？

学生：你在哪儿上学？

教师：这几个句子都是问地方的，问地方的时候，我们用“哪儿”。

> **操练 ⑫－⑭**
>
> 两人一组准备几分钟，然后，一组一组进行问答。
>
> 【提示】可根据学生和学校的实际情况灵活替换。如：“你在哪儿吃晚饭？”“我在家吃晚饭”。

⑮ **4. 问数量：几 / 多少＋量词**

教师：（指着例句）问数量的时候，我们可以用“几”和“多少＋量词”。

⑯（给出：“几”和“多少”）

教师：一个星期有几天？

学生：7 天。

教师：我们班有多少人？

学生：15 人。

教师：好，我们要注意 1–10 的时候，我们一般用“几”；11 以上的时候，我们一般用“多少”；10 的时候，可以用“几”，也可以用“多少”。

【提示】教师让学生两人一组读几遍例句，再结合例句中的数字强化一下以上要点。

> **操练 ⑰－⑲**
>
> 让学生分组来问答，最后再集体分两组互相问答。
>
> 【提示】不要拘泥于所给答案，所有练习都应根据实际情况进行灵活替换。

⑳ **5. 问年龄、高度、重量：多＋形容词**

教师先让两个学生读出问年龄的例句。

教师：问别人年龄的时候，我们可以用“多大”。

教师先让两个学生读出问高度的例句。

教师：问高度的时候，我们可以用“（有）多高”。

教师先让两个学生读出问重量的例句。

教师：问重量的时候，我们可以用“（有）多重”。

> **操练 1 ㉑**
>
> 两人一组互问互答，还可以互问对方的家庭成员的年龄。
>
> **操练 2 ㉒**
>
> 两人一组练习后，还可以问一下周边物品的重量或高度，如“书包”“桌子”等。

㉓ **6. 问时间：什么时候**

教师：问时间的时候，我们可以用“什么时候”。

操练 ㉔

两学生写完后，每个组找一个人读一读。然后，教师给出例句。

偏误纠正 ㉕ ㉖

1. 表示职业的词语不能和“做……工作”搭配。
2. “哪”修饰双音节名词时要加量词。
3. 具体日期时间的后面不能再用“时候”。
4. “哪儿”是问地点的疑问代词，后面不能再用表示地点的名词。
5. 表示年龄的时候，要用“××岁”，提问的时候才能说“多大了”。

【提示】提醒学生在汉语中大部分问句和答句的格式是一致的，但也有特殊情况：如问工作、问年龄的时候。

综合强化 ㉗－㉝

练习 1：可以让学生先分成小组，快速完成，之后再分别找不同组的学生回答。可带领学生复习各种疑问代词的使用条件，进一步强化疑问代词的用法。

练习 2：先做前 5 个小题，两人一组问答后，再进行灵活替换。后 5 个小题也是如此。

【提示】所有题都应根据实际情况进行活用替换，如“苹果”可换成其他水果；“6 楼”替换成自己所在的楼层等等。

练习 3：以情景对话的形式，两人一组让学生完成对话。

练习 4：表演。让两个学生一组分别扮演买水果的和卖水果的，运用所学的疑问代词进行对话。可以让每个组先把想到的句子写出来，然后，再到教室前进行表演。

【提示】分组时应考虑到学生的水平尽量均衡一些。

要点梳理 ㉞ ㉟

先给出疑问代词的用法形式，让学生说出相应的句子，然后再给出例句。

课后任务 ㊱

要求学生尽量运用所有学过的疑问代词的用法，下次课给大家读一下自己写出的句子；也可以一个学生说他的问句，找另外的学生回答，进行接龙问答。

相关扩展 ㊲ ㊳

疑问代词的这三种用法在日常生活中经常会说，但有一定的难度，所以可以在学生接触了一些相关句式后再讲练。

60 ……还是……

教学目标 ①

了解“……还是……”的用法，并学会使用该句式。

导入例示 ②

教师：大家来看，图上是什么？

学生：商场和市场。

教师：对，可以这样问：你去商场还是去市场？现在我们学习这里的“还是”。

【提示】其他导入方法：口语书贵还是听力书贵、我们班男生多还是女生多等等。

知识演练 ③－⑧

③ 教师：我们看这个句子，“去商场”和“去市场”都是动词短语。

给出：1. 动词（短语）+ 还是 + 动词（短语）？

让学生读两遍其他例句。

操练 ④－⑥

先让学生熟悉每幅图片对应的词语；然后两人一组用改完的句子互问互答。

【提示】可让学生自由发挥，如就对方的爱好、生活习惯等用“还是”互问互答。

⑦ 教师：（让学生读例句后）“中餐好吃”和“西餐好吃”都是小句。

给出：2. 小句 + 还是 + 小句？

让学生读两遍其他例句。

【提示】每读完一个例句，教师都应强调“还是”前后的部分都是小句。

操练 ⑧

教师可以让同桌讨论完成，最后给出答案。

偏误纠正 ⑨

用“还是”提问，宾语有时可以省略，如：你做饭还是我做？但主要动词不可省略。

综合强化 ⑩－⑱

练习1：做每个小题前，先让学生快速说出图片对应的词语，做完后抢答。

练习2：让学生自己改，每改对一题后说说为什么。

练习3：可让学生先自己全部做完，然后每人读一个完成的句子。

练习4：两人一组，快速写出答案，交给老师，然后再说出来，比一比哪组做得又快又好。

练习5：此题做完后，可以再在同桌之间做这个练习，并把问句写下来，交给老师。

要点梳理 ⑲

分别给出“还是”的两种形式，让学生说说相应的句子。

课后任务 ⑳

提醒学生尽量多用“还是”。

相关扩展 ㉑

在选择句中，“还是”用于疑问语气，“或者”用于陈述语气。

教学小贴士

如何提高学生口语表达的质量？

要提高学生口语表达的质量，一定要做到“收放有度”。

所谓“放”，就是允许学生就规定的话题随意发挥，不必拘泥于课本的原文，因为真实的会话不可能完全按照书本进行。

所谓“收”，就是不能毫无控制地“放”，应让学生紧紧围绕本课的教学目标与教学重点去表达。如何做到“收”呢？

首先，内容上要控制，至少应让学生在“说”的时候用上本课所学的重点词语或句式。此外，要适时纠错。

其次，质量上要控制，要注意培养学生成段表达的技巧与能力，如何使层次更清晰、衔接更顺畅等。

最后，秩序上要控制。某个学生发言时其他学生常常各行其是，很少有人注意倾听，教师应采取有效措施把其他学生的注意力吸引过来，如：让学生听后复述或回答问题；让学生记下含有某个重点句式或词语的句子；让学生将听到的病句或听不懂的词语记下来，然后由学生向发言人提问。

正反疑问句 61

教学目标 ①

学习并掌握正反疑问句的三种常见结构形式：

1. 主语 + 形容词 + 不 + 形容词？
2. 主语 + 动词 + 不 + 动词 +（宾语）？
3. 主语 + 动词 + 没 + 动词 +（宾语）？

导入例示 ②

教师：我们先读一下这两个句子。“这件衣服好看吗？”和“这件衣服好看不好看？”是一样的意思。那么“这件衣服贵吗？”我们还可以怎么问？

学生：这件衣服贵不贵？

教师：非常好！我们再说一遍。

【提示】如果学生的程度比较好，教师可以直接用目标句型问问题，学生回答正确以后教师总结。

知识演练 ③－⑭

③ 1. 主语 + 形容词 + 不 + 形容词？

教师：我们先读一遍这几个句子。（读完后）这里的“漂亮”“美”“好看”和“高兴”都是形容词。

（给出：主语 + 形容词 + 不 + 形容词？）

> **操练 ④**
>
> 除了给出的问答外，学生可自由发问，只要用上“主语 + 形容词 + 不 + 形容词？”即可。
>
> 【提示】可以增加一些操练，教师可以给出一些形容词，如：漂亮、大、长等，引导学生说下面的句子：
>
> 女孩儿漂亮不漂亮？
>
> 女孩儿的头发长不长？
>
> 姚明的手大不大？
>
> ⑤⑥学生两人一组轮流作答，每组完成一个问答。

⑦ 2. 主语 + 动词 + 不 + 动词 +（宾语）？

教师：你今天去图书馆吗？还可以这样问：你今天去不去图书馆？大家一起说一遍——

（给出：主语 + 动词 + 不 + 动词？）

> **操练 ⑧－⑩**
>
> 学生两人一组互问互答，逐题抢答。

⑪ **3. 主语＋动词＋没＋动词＋（宾语）？**

教师：×××，你有没有词典？

学生：有。/没有。

教师：（指着图片）他骑没骑自行车？

学生：他骑自行车了。

教师："有没有词典""骑没骑自行车"都是——

给出：主语＋动词＋没＋动词＋（宾语）？

> **操练 ⑫－⑭**
> 学生接龙问答，要根据自己的实际情况回答。

偏误纠正 ⑮

1. "主语＋形容词＋不＋形容词？"后面不可再加"吗"。
2. 询问过去要用"主语＋动词＋没＋动词＋（宾语）"。

综合强化 ⑯－㉒

练习 1-3：学生两个人一组轮流作答，一个快速说出原句，一人快速说出改写后的句子，然后互换。

练习 4：学生两个人一组，互问互答。教师可以给出相关的形容词或者动词，如：多、高兴、吃蛋糕、洗澡等。

练习 5：（1）可以让学生三个人一组，一个人回答问题，另外两个人分别问问题，看两人中谁能更快地猜出。（2）学生两个人一组，一个扮演妈妈，要问问题，一个扮演女儿。

【提示】这一练习要注意互换角色再进行一遍，尽量每个同学都有问和答的机会。

要点梳理 ㉓

给出"主语＋形容词＋不＋形容词？"等形式，再让学生说出相应的句子。教师可再给出一些一般疑问句，让学生改成正反疑问句。

课后任务 ㉔

1. 布置作业时可让学生读一遍例句。
2. 下节课可让学生介绍一下朋友的房间。

相关扩展 ㉕

"不"用于判断事实；"没"用于说明状态的变化。

名词短语＋怎么样？/小句，怎么样（好吗/可以吗/行吗）？ 62

教学目标 ①

学习并掌握表示征询意见和评价的几种常见句型：

1. 名词短语＋怎么样？

2. 小句，怎么样？/行吗？/好吗？/可以吗？

导入例示 ②

让学生读一下 PPT 给出的两组例句，初步了解“怎么样”的意思。

知识演练 ③

教师：这本书怎么样？

学生：有意思。

教师：学校食堂的菜怎么样？

学生：不太好吃。

教师：当我们想知道别人对一个人、一件事或者一种东西的看法的时候，可以这样问——

（给出：名词短语＋怎么样）

> **操练 ④⑤**
>
> 先让学生一起读出情境，找某个学生提出问题后，可由他指定某人回答。

⑥ 教师：大家一起读这三个句子。如果你要做一件事情，你想知道别人同意还是不同意，你可以这样问——

（给出：小句，怎么样？）

⑦ 教师：“怎么样”可以换成“行吗”“可以吗”“好吗”？

（给出：小句，怎么样？/行吗？/可以吗？/好吗？）

教师找四个学生分别用上面四种形式提问。

> **操练 ⑧**
>
> 让学生两个人一组，轮流问答，每组换一种问法。

偏误纠正 ⑨

两组句子中的第二种说法比第一种说法更有礼貌、更客气些。

综合强化 ⑩－⑭

练习 1：先让学生自己思考，然后找学生根据答句内容提问。最后全班分两组，互换角色问答。

练习 2：学生两人一组，根据图片和句型互相问答。教师要提醒学生用不同的词语提问，并且可以让学生自由发挥，如：逛街、游泳、去酒吧等。

要点梳理 ⑮

先给出句子结构，让学生说出相应的句子，然后再给出例句。

课后任务 ⑯

让学生多使用本课所学习的句型。

相关扩展 ⑰

“不怎么样”有表示“不喜欢、不赞同”的意思，“不怎样”没有这个意思。

主语＋时间状语＋动词（短语）63

教学目标 ①

学习并掌握时间状语的用法及相关规则。

导入例示 ②③

教师：×××，你们早上几点上课？

学生：我们早上八点上课。【提示】应根据学生的回答灵活替换时间。

③ 教师：×××，那你几点吃午饭？

学生：我十二点吃午饭。

教师：（对全体学生）××× 几点吃午饭？

学生：他十二点吃午饭。【提示】应根据学生的回答灵活替换时间。

知识演练 ④－⑦

④ 教师：（给出句子）我们看看这两个句子里绿色的部分是什么？

学生：时间。

教师：对，这两个句子都是：主语＋时间＋动词（短语）

> **操练** ⑤－⑦
>
> 两人一组互问互答。每答对一题全班分成两组再说一遍。

偏误纠正 ⑧

1. 时间名词作状语要放在句首或主语后，不能放在句尾。
2. 时间词前面不能加“在”。

综合强化 ⑨⑩

练习 1：让学生两人一组，写出每天做的事情，然后互相交换，问对方做这些事情的时间。

练习 2：教师要准备充足的词语卡片，鼓励学生一词多用，可分组比赛，看哪组说对的句子多。

要点梳理 ⑪

先给出“主语＋时间状语＋动词（短语）”，让学生说出相应的句子，然后再给出 PPT 上的例句。

课后任务 ⑫

提醒学生注意时间在句子中的位置。

相关扩展 ⑬

1. 时间名词作状语可以在主语前，也可在主语后；但时间副词只能放在主语后。
2. 时间名词作状语要放在地点状语前。

主语 + 在 + 地点 / 处所 + 动词（短语） 64

教学目标 ①

学习并正确使用“主语 + 在 + 地点 / 处所 + 动词短语”这一句型。

导入例示 ②③

教师：看图片，他们在哪儿？

学生：在教室。

教师：他们在教室做什么？

学生：上课。

教师：大家一起说——

学生：他们在教室上课。

下面的图片处理方法同上。

【提示】也可以用某个时间某个学生在哪儿做什么来导入，如：昨天晚上 7 点你在哪儿做什么。

知识演练 ④－⑥

④ 教师：（给出例句）大家看这两个句子。绿色的是什么词？

学生：动词。

教师：紫色的呢？

学生：地方。

教师：对。这两个句子都是“主语 + 在 + 地点 / 处所 + 动词短语”。

> **操练 ⑤⑥**
>
> 两个学生一组互问互答，教师可引导学生根据自己的实际情况灵活替换。

偏误纠正 ⑦

1. 地点状语不能放在句尾，要放在主语后。
2. 当时间词和地点词都作状语时，要把时间词放在地点词的前面。

综合强化 ⑧

可以先让学生齐读例句，然后再分小组练习，最后集中汇报。

要点梳理 ⑨

先给出句式和例句，让学生尽量多说出一些相应的句子。也可分组比一比哪组说对的句子多。

课后任务 ⑩

要求至少写出 5 个句子。下节课上课的时候让学生说出自己写的句子。

相关扩展 ⑪

“主语 + 在 + 地点 / 处所 + 动词短语”表示的是动作发生的地点，而“主语 + 动词 + 在 + 处所 / 地点”表示的是动作的结果指向的地点。

教学小贴士

怎样做到重点突出？

一是要课型特点突出。综合课应重汉字、语音、词汇、语法等语言知识的教学，关注学生听说读写能力的全面提高；口语课应重在培养、训练学生的汉语口头表达与交际能力；听力课重在培养学生快速理解对方话语意义的能力；阅读课重在培养学生从书面文字中快速提取有价值的信息的能力。

二是要语言知识重点突出。就语言教学而言，重点首先应该是使用频率高的，其次是学生难以掌握的和偏误率高的。

三是教学环节重点突出。如复习旧课与学习新知、教师讲解与学生操练、详讲与略讲等教学环节，在时间分配上应科学合理。

主语 + 副词 + 形容词

教学目标 ①

学习并掌握"主语 + 副词 + 形容词"这一句式，以副词"很、非常"为例。

导入例示 ②

教师给出温度"-20℃"后问学生"今天冷吗"，学生回答后，教师给出"今天很冷"，然后再给出"-30℃"，问学生"明天冷吗"，学生回答后，给出"明天非常冷。"

教师：我们一起读一遍这两个句子——今天很冷。/ 明天非常冷。

【提示】1. "很"和"非常"要重读。2. 其他导入方法：给照片，如人很多的车站、车很多的马路；班里学生男女生的多少、头发的长短；当时的天气情况等。

知识演练 ③ - ⑨

③ 给出：**1. 肯定形式：主语 + 很 / 非常 + 形容词**）

教师：我们来看这两个句子——今天很冷。明天非常冷。

（给出：主语 + 副词 + 形容词）

（再给出：很 < 非常）

> **操练 ④ - ⑥**
>
> 给出图片和问句，让学生之间互相问答，教师要提醒学生比较每页中两幅图的差异，哪幅应该用"很"，哪幅应该用"非常"。

⑦（给出：**2. 否定形式：主语 + 不 / 不太 + 形容词**）

教师：我们看这两幅图，天气热吗？

学生：不热。

教师：对，天气不热。那 26 度时天气热吗？

学生：不热。

教师：这时我们可以说，天气不太热。（给出：主语 + 不 / 不太 + 形容词）

（再给出：不 > 不太）

> **操练 ⑧ ⑨**
>
> 先呈现图片和问句。
>
> 教师：我们看这幅图，水果贵吗？哪个应该用"不"、哪个应该用"不太"呢？
>
> 待学生答对后呈现答句。
>
> 给出图片和问题。让学生互相问答，独立完成。

偏误纠正 ⑩

1. 缺少副词"很"和"非常"，句意不完整，只有在暗含比较意味时才可以这样说。
2. 副词应放在主语后面、形容词前面。

3. 副词前不能加判断动词“是”。
4.“很”和“非常”的否定形式要用“不”或“不太”，而不能用“不很”或“不非常”。

综合强化 ⑪ – ⑱

练习 1：（看第一幅图）
教师：我们看这幅图，图上是哪里？对，日本的富士山。它高吗？漂亮吗？
学生：富士山很高，很漂亮。
教师：对，那山上有什么？有没有雪？雪怎么样？
学生：很白，很多。
（看第二幅图）
教师：这幅图是哪里？
学生：长城。
教师：对，是中国的长城。长城长不长？有名吗？
学生：长城很长，很有名。
教师：长城上，人——（等待学生回答）
学生：长城上人非常多。
让学生再读一遍给出的四个例句。
练习 2：学生每做对一道题，都要读一遍。最后让同学们看答案位置的规律性，即“很”“非常”“不”和“不太”都在形容词前面、主语后，进一步强化“主语 + 副词 + 形容词”的规则。
练习 3：让学生两人一组完成，然后集中回答，每改对一题后再读一遍正确的句子。
练习 4：学生分成两组，先规定时间在本子上写答案，然后组织学生抢答，答对加 1 分，分数高的组获胜。
练习 5：根据图片和提示词，让学生两人一组互问互答。
练习 6：以分组比赛的形式，让学生组合两部分词语，并加上副词“很”和“非常”，在规定时间内，看哪组完成的句子又对又快。让同学们思考，用提示词以外的词语说几个句子。
【提示】分组时应考虑到学生的水平尽量均衡一些。

要点梳理 ⑲

先给出“主语 + 副词 + 形容词”，并分别给出肯定和否定两种形式，让学生说出相应的句子，然后再给出例句。最后学生读一遍。

课后任务 ⑳

【提示】还可以布置其他练习，如：介绍自己的书或自己的学校。

相关扩展 ㉑

汉语中，非动词谓语句都不需要用“是”来连接主语和谓语，比如名词谓语句、形容词谓语句、主谓谓语句等。但是当表示强调的语气时就可以在主语和谓语中间加上“是”，这个“是”不是动词，是副词，有确认的意味。

66 主语+不+动词短语

教学目标 ①

学习并掌握“主语+不+动词短语”这一句式。

导入例示 ②

教师：这些是什么？

学生：饺子。

教师：你喜欢吃饺子吗？

找几名同学个别回答，当有同学表示否定时引出例句。

知识演练 ③④

③ 教师：我们一起读一遍——我不喜欢吃饺子。（给出：主语+不+动词短语）

操练 ④

教师：这些是什么水果？

学生：苹果、桃子、葡萄……

教师可适时提示。

教师：（教师问一个同学）你不喜欢什么水果？

学生：我不喜欢香蕉。

教师：好，你再问下一个同学。

进行全班接龙问答。

偏误纠正 ⑤

否定某个情况或事情发生时，一般用“没”，而不能用“不”。

综合强化 ⑥－⑪

练习 1：先让学生熟悉第 6 页的例句，然后做第 7 页的练习，两个人一组，互问互答。

练习 2：首先让学生思考两个句子的意思有什么不同，然后再给出正确的解释。

练习 3：让学生两人一组看图进行问答，问答结束后找几组同学展示他们的对话。

要点梳理 ⑫ 先给出句式，再让学生说出相应的句子，然后给出例句，学生齐读一遍。

课后任务 ⑬ 先让学生读例句，然后跟学生强调一定要写出至少五个句子，下节课分享。

相关扩展 ⑭

“不”和“不……了”可以用于动词和形容词做谓语的句子中，表示的意思不一样：“不”表示一直这样，而“不……了”表示想法或状态的改变，即现在和以前不一样。

主语＋谓语（主谓短语） 67

教学目标 ①

学习并掌握“主谓谓语句”的常见形式及功能。

形式：

1. 小主语是大主语的一部分

2. 大主语是小谓语的动作支配的对象

功能：

能够用“主谓谓语句”介绍、描述一个人的外貌或一个地方。

导入例示 ②

教师：北京夏天怎么样？

学生：很热。

教师：是，北京夏天很热。

【提示】还可以问当地的情况导入，如空气怎么样、水果贵不贵等等。

知识演练 ③－⑩

③ **1. 小主语是大主语的一部分**

教师：好，我们再说一遍，北京怎么样？

学生：北京夏天很热。

教师：夏天怎么样？

学生：夏天很热。

教师：这里“夏天”是小主语，“很热”是小谓语。“夏天很热”是大谓语，“北京”是大主语。

> **操练 ④⑤**
>
> 要提醒学生大主语和小主语之间不要用“的”；说每个句子的时候要带着大主语。
>
> 【提示】可让学生随意发挥，如：“北京外国人很多”以及“北京烤鸭很好吃”等，要把“北京”换成学生自己熟悉的地方。

⑥ 教师：这个人是谁？

学生：姚明。

教师：姚明是什么样子的？

给出下一页的提示词语。

⑦ 让学生根据给出的词语依次说出一个句子。

⑧ **2. 大主语是小谓语动作支配的对象**

教师：好，我们看这幅图，饭怎么样了？

学生：做好了。

教师：谁做的？
学生：妈妈。
教师：那么可以说，饭妈妈做好了。本来是“做好”什么？对，做好饭。现在“饭”做主语，是为了强调。

操练 ⑨ ⑩

教师：这是什么？对，衣服怎么样了？
学生：衣服洗干净了。
教师：谁洗的？
学生：我。
教师：那么可以怎么说呢？
学生：衣服我洗干净了。
可让个别学生作答。操练方法同上。

偏误纠正 ⑪

“北京”是话题，做主语，并不是一个处所词做状语，所以，不能加“在”。

综合强化 ⑫ – ⑰

练习 1：此题较难，可先分组讨论，再由每个组的代表读出填好的句子。
练习 2：先给学生展示一个例子，再让学生逐个完成其他小题。可两人一组，一人读出原来的两个句子，一人读出组合后的一个句子。
练习 3：可先让学生两人一组，互相问答，然后让个别学生完整介绍自己或语伴的家乡。
练习 4：如：他鼻子很大；他眼睛很小；他功夫很厉害……他是成龙。他身材很好；他皮肤很白；他头发很长……他是迈克尔杰克逊。

要点梳理 ⑱

先给出主谓谓语句的两种形式及例句，然后让学生再分别说出一些句子，可以用课上学过的和说过的。

课后任务 ⑲

注意尽量多使用主谓谓语句。

相关扩展 ⑳

第一个句子是主谓句，主语是“我们班的学生”；第二个句子是主谓谓语句，“我们班”是大主语，“学生不少”是主谓谓语，“学生”是小主语。

68 主语 + 动词短语 $_1$+ 动词短语 $_2$

教学目标 ①

理解并学会使用“主语 + 动词短语 $_1$+ 动词短语 $_2$”这一句式。

导入例示 ②

教师（问一学生）：你每天怎么来学校？

学生：坐车。

教师：他坐车来学校。我们一起说一遍。

【提示】其他导入方法：问学生用什么吃饭或用什么跟家人联系。导出“我用筷子吃饭”或“我用电话跟家人联系”等句子。

知识演练 ③－⑦

教师：同学们看，图中的学生怎么来学校？

学生：她骑自行车。

教师：对，她骑自行车来学校。同学们找一下，这句话中有几个动词？

学生：两个，“骑”和“来”。

教师：对，这就是——

（给出：主语 + 动词短语 $_1$+ 动词短语 $_2$）

让学生读两遍其余例句，进一步熟悉和体会这一句式。最后，教师应该问学生蓝色的部分是什么、粉色的部分是什么，进一步强化这一句式。

> **操练 ④－⑦**
>
> 老师带着学生一起完成这两组问答，然后将学生分成两大组分角色再读一遍对话。两人一组，互问互答，还可根据实际情况灵活问答。

偏误纠正 ⑧

两个句子的错误在于：表示方式工具的动词短语应在前面。

综合强化 ⑨－⑱

练习 1：两人一组快速互问互答。

练习 2：集体作答，然后找个别学生说明原句错误的原因。

练习 3：可自愿抢答，答对后齐读一遍。

练习 4：给学生时间全部做完后抢答，比一比谁答得又快又好。

练习 5：先让学生熟悉图片和提示词，然后抢答。

练习 6：要根据班级人数制作相应数量的卡片。

要点梳理 ⑲

给出“主语＋动词短语$_1$＋动词短语$_2$”句式，让学生轮流说句子。

课后作业 ⑳

要提醒学生注意答句的完整性，要写出主语。

相关扩展 ㉑

在连动句中，两个动词短语的主语是一个；在兼语句中，第二个动词短语的主语是第一个动词短语的宾语。

教学小贴士

常见的汉字操练题型有哪些？

1. 填汉字。

（1）给出拼音填汉字：喜______（huan）、眼______（jing）。

（2）选词填空：她的房间（即 / 既）暖和又干（净 / 静）。

2. 组词。可以选择易混淆的汉字分别组词：已 / 己、园 / 圆。

3. 改错。让学生挑出词语或句子中的错别字，如：眼晴；请你在说一变。

4. 听写。注意给出一定的搭配，如“一元钱”的“元”。

5. 汉字间架结构的操练。

（1）给出结构框架，让学生写出相应的汉字：国—回、因　好—玩、明　拿—架、音

（2）给出一组汉字，让学生用线条画出其结构：汉、字、青、朋、刘

（3）给出一组字，让学生按其结构归类：们、声、行、越、骂、远——们 / 行、声 / 骂、越 / 远

6. 偏旁部件的操练。

（1）给出一组字，找出相同部件：完、玩、远、园—元

（2）给出一组字，让学生按所含相同部件分类：抽、晴、怕、情、邮——抽 / 邮、晴 / 情、怕 / 情

（3）给独体字添部件：白—的 / 百 / 拍

7. 形声字的操练。

（1）猜声符：爸 / 吧—“把”的声符是“巴”

（2）猜形符：游泳—三点水旁是形符

（3）给出某个声符，写出学过的相应的汉字：京—凉 / 惊 / 景

（4）给出某个形符，让学生写出学过的相应的汉字：口—吃 / 喝 / 叫

（5）猜字义：桃、推

（6）同时猜字音字义：姥、拇、浓

（7）将学过的形声字进行归类整理：饭 / 返 / 板；忙 / 盲 / 芒 / 氓

8. 猜谜。根据文字或图片猜汉字：第一大——天；左边一个人（图），右边一头牛（图）——件。

主语 + 动词 + 间接宾语 + 直接宾语 69

教学目标 ①

理解并学会使用“主语 + 间接宾语 + 直接宾语”这一句式。

导入例示 ②

教师：朋友送生日礼物，送给谁？

学生：送给她。

教师：好，我们一起说“朋友送给她一个生日礼物”。再看，女孩寄给妈妈什么？

学生：信。

教师：对，女孩寄给妈妈一封信。

【提示】其他导入方法：可以给某同学汉语书，引导学生，比如“给谁？给什么？”让学生回答。

知识演练 ③－⑥

教师：我们来看这句话“朋友送给她一个生日礼物”，朋友送给谁？送什么？这就是——

（给出：主语 + 动词 + 间接宾语 + 直接宾语）

再给出其他例句，让学生读一遍。每个句子都要就双宾语“谁”和“什么”提问。让学生体会间接宾语一般是人，跟在动词后，直接宾语一般是事物或事情，在句子最后。

> **操练 ④－⑥**
>
> 学生两人一组讨论后给出答案，小组轮流作答。

偏误纠正 ⑦

1. “告诉”的对象要以宾语的形式出现，不可以状语的形式出现。
2. 双宾语的顺序为间接宾语在前，直接宾语在后。
3. 动词应在主语和间接宾语之间。

综合强化 ⑧－⑮

练习 1：可让学生逐题抢答。

练习 2：教师指定学生回答，答后要说明原句错误的原因。

练习 3：比赛：将学生分两大组，每组轮流派一人回答，答对一题得一分，得分多的一组为胜。

练习 4：给一定时间，让学生自己全部做完后抢答。

练习 5：两人一组，比一比哪个组做得又快又好。

要点梳理 ⑯

给出“主语 + 动词 + 间接宾语 + 直接宾语”这一句式，让学生轮流说出一个双宾语句。

课后任务 ⑰

提醒学生只能用一个双宾语句表达想说的意思。

相关扩展 ⑱

间接宾语和直接宾语之间若加上“的”，就是一个词组，而不是句子了；“主语 + 动词 + 间接宾语 + 直接宾语”是一个句子，不能做宾语。

主语＋请／让／叫＋某人＋动词短语 70

教学目标 ①

学习并掌握“主语＋请／让／叫＋某人＋动词短语”这一句式。

导入例示 ②

教师：大成，请你关上窗户。（大成关上了窗户）

教师：那么，这件事用一句话怎么说呢？老师请（让／叫）大成关上了窗户。（教师边说边给出例句）这就是我们要学习的句式。

【提示】其他导入方法：教师可以直接向学生发出指令，如：请同学们打开书。

知识演练 ③－⑥

教师：大家来看这个句子，（给出例句）是大成想关窗户吗？

学生：不是。

教师：那是谁想关窗户？

学生：老师。

教师：所以“老师”是主语。

（给出：是老师想关窗户，不是大成想关窗户。）

（给出：**主语＋请／让／叫＋某人＋动词短语**）

> **操练 ④－⑥**
>
> 教师请两名学生读对话。
>
> 教师：这个对话用一句话怎么说呢？谁让谁做什么？
>
> 待学生说对后，教师给出答案，再齐读两遍。
>
> 其余两个小题可以让学生独立思考完成，写出句子，然后同桌交换，读出对方的句子，并判断对错，错了要改过来。

偏误纠正 ⑦

表示“要求或命令”的意思时应该用“让”而不是“请”。

综合强化 ⑧⑨

练习 1：每改写完一个句子都要求学生写出来，学生说完答案后，教师点击 PPT，给出答案，再让学生齐读正确句子。

练习 2：给几分钟时间，让学生把连好的句子全部写出来，然后，教师叫几个学生读出自己的句子，只要没有语法问题教师就要给予肯定鼓励，做错的尽量让学生自己改过来。

要点梳理 ⑩

先给出“主语 + 请 / 让 / 叫 + 某人 + 动词短语”，让学生尽量多说出一些相应的句子，说对的全体重复一遍，最后给出例句，齐读一遍。

给出“不用某人花钱时，只能用‘请’”这条规则，让学生说出相应的句子，说对后给出例句，再齐读一遍。

课后任务 ⑪

提醒学生尽量用到“请 / 让 / 叫”这三个词和“请”的两种用法。

相关扩展 ⑫

时间词、否定词和能愿动词一般应该放在“请 / 让 / 叫”的前面。

“比”字句 71

教学目标 ①

学习并掌握“比”字句肯定式的四种常见形式：

1.A 比 B+ 形容词

2.A 比 B+ 形容词 + 得多 / 多了

3.A 比 B+ 形容词 + 一点儿 / 一些

4.A 比 B+ 形容词 + 数量词语

导入例示 ②

教师：我们班男生多还是女生多？

学生：男生少，女生多。

教师：那么，这样的情况用一句话怎么说呢？这就是我们今天要学习的语法“比”字句。

【提示】其他导入方法：如果学生手里有两本书，可以比较两本书的价钱；比较两个班的人数多少、比较今天和昨天的气温等。

知识演练 ③－⑩

③ 1．A 比 B+ 形容词

教师：“男生少，女生多”用一句话说就是“男生比女生少”或者“女生比男生多”。我们一起来读一遍这两个句子。这两个句子都是——（给出：A 比 B+ 形容词）

> **操练 ④**
>
> 可以增加一些操练，如：汉语书比听力书……，今天比昨天……。这些练习都可根据实际情况让学生灵活选用形容词。

⑤ 2．A 与 B 差别大

教师：我们看这幅图，姚明非常高，对不对？

学生：对。

教师：他旁边这个女孩儿呢？

学生：不高，很矮。

教师：他们一个很高，一个很矮，我们可以说：“姚明比她高多了、高得多”或说“她比姚明——”

学生：“矮得多、矮多了”。

教师：这种“比”字句就是——（给出：A 比 B+ 形容词 + 得多 / 多了）

> **操练 ⑥**
>
> 可以适当增加一些操练，选择差别较大的两种事物即可，如：足球比乒乓球……，北方比南方……，还可以是两种价钱悬殊的水果、两座大小相差悬殊的楼房等。

⑦ 3. A 与 B 差别小

教师：看看这两个是什么球？对，是篮球和排球。哪个大？哪个小？

学生：篮球大，排球小。

教师：它们好像差不多，是不是？这时候我们可以说“篮球比排球大一点儿”或“大一些”。还可以说“排球比篮球小一点儿”或“小一些”。这种“比”字句就是——

（给出：A 比 B+ 形容词 + 一点儿 / 一些）

> **操练 ⑧**
> 先让学生熟悉姚明和奥尼尔的名字。可以适当增加一些操练，选择差别不大的两种事物即可，可以用前面比较过的事物，如：今天比昨天……一点儿 / 一些，或两种价钱差不多的书、水果等。

⑨ 4. 表示 A 与 B 的具体差别

教师：我们看图上有几个男生？几个女生？对，五个男生，三个女生。我们可以说“男生比女生多两个”或者“女生比男生少两个”。这种“比”字句就是——

（给出：A 比 B+ 形容词 + 数量词语）

> **操练 ⑩**
> 学生分组写句子，学生写完后，比一比哪组写得又多又好。

偏误纠正 ⑪

1. “一点儿”只能在形容词后边。
2. 表示差别大要在形容词后边加“得多”或“多了”，不可在形容词前加“很”或“非常”等。
3. 表示具体差别的数量词语只能加在形容词后边。

综合强化 ⑫－⑮

练习 1：最后让同学们看答案位置的规律性，即所填词语都在形容词后面，进一步强化“比”字句的规则。

练习 2：可学生改完后抢答，并说明原句错误的原因。

练习 3、练习 4：让每个组先把想到的句子写出来，然后，每组派一个学生读出来。最后，教师根据学生完成的速度和质量排出名次。

【提示】分组时应考虑到学生的水平尽量均衡一些。

要点梳理 ⑯

每给出“比”字句的一种形式，都让学生先说出相应的句子，然后再给出例句。

课后任务 ⑰

跟学生强调最好选择两个很不一样的地方进行比较，要尽量用上“比”字句的四种形式。

相关扩展 ⑱

“A 不比 B……”表示 A 和 B 差不多；“A 没有 B……”和“B 比 A……”一样，表示 B 的程度更高。

“比”字句的否定：A+ 没有 +B+ 形容词 72

教学目标 ①

学习并掌握“比”字句的否定式“A+ 没有 +B+ 形容词”。

导入例示 ②

教师：“她的房间比我的房间大”，那把“我的房间”放在前面，这句话怎么说呢？

学生：我的房间不比她的房间大。

教师：“我的房间不比她的房间大”，是两个房间差不多一样大的意思。图片上的两个房间差不多一样大吗？

学生：不是。

教师：那应该怎么说呢？应该说“我的房间没有她的房间大”。

知识演练 ③-④

③ 教师：“我的口语成绩比阅读成绩高”还可以这样说：“我的阅读成绩没有口语成绩高”。（给出：A 没有 B+ 形容词）

> **操练 ④**
>
> 先引导学生熟悉图片相对应的词语，再让学生用“没有”说句子。

偏误纠正 ⑤-⑦

在“A 没有 B+ 形容词”的句子中形容词一般是表示积极意义的，但“热 / 冷、暖和 / 凉爽、便宜 / 贵”等除外。

> **操练 ⑥⑦**
>
> 可适当再做几个强化练习。如“爸爸 57 岁，妈妈 59 岁”“我们班有 9 个女生，3 个男生”用“A 没有 B+ 形容词”怎么说？

综合强化 ⑧-⑪

练习 1：因这里的形容词是“暖和”或“冷”，所以用哪个都可以。

可将学生分为几个小组，每个组先把改完的句子写下来，改完后马上举手，并交给老师，老师要在上面写上顺序号。待所有小组都做完后，教师让各小组交叉读出某个组写的句子，让大家一起评判对与错。

练习 2：先请同桌之间互相练习，最后老师给出答案。

要点梳理 ⑫

1. 先给出“A 没有 B+ 形容词”，让学生说出相应的句子，再给出例句。

2. 给出“飞机没有火车慢”后，让学生自己改为“火车没有飞机快”。

课后任务 ⑬

要求学生尽量多用“A 没有 B+ 形容词”。

相关扩展 ⑭

“A 没有 B”后面一定要有形容词，“A 不如 B”的后面可以没有形容词，因为“不如”本身就有“没有……好”的意思。

教学小贴士

如何做到循序渐进？

1. 将一段较长的听力、复述、阅读的语料化整为零来处理。
2. 复述时可先给出较多提示语，再逐步减少提示语。
3. 先看图说，再不看图说。
4. 造句时，先给出语境，然后再让学生独立去做。
5. 回答问题时，先集体作答再个别作答。
6. 回答问题时，先看书回答再不看书回答。
7. 先做机械操练，再做活用操练。

……跟/和……（不）一样（形容词） 73

教学目标 ①

学习并掌握"……跟/和……（不）一样"和"……跟/和……（不）一样＋形容词"的用法。

导入例示 ②

教师：他们的衣服一样吗？

学生：一样。

教师：这两台电脑一样吗？

学生：不一样。

教师：那么，这时我们可以说：他的衣服跟/和她的一样。这台电脑跟/和那台不一样。

【提示】其他导入方法：可利用学生的国籍、家乡、衣服的颜色等导出。

知识演练 ③－⑧

③ 1.……跟／和……（不）一样

请学生读两遍例句。

他的衣服跟/和她的一样。

这台电脑跟/和那台不一样。

（给出：A 跟/和 B〈不〉一样）

操练 ④⑤

给出第一组图片和问句。

教师：我们看，这有幅图，它们一样吗？

学生：不一样。

教师引导学生说出完整的句子。

⑥ 2.……跟／和……（不）一样＋形容词

教师：姐姐的身高是1米5，弟弟的身高也是1米5，谁高呢？

学生：一样。

教师：对，可以说"一样高"。

我们可以说"姐姐跟弟弟一样高"。

（给出：A 跟/和 B 一样＋形容词）

⑦ 教师：再看这幅图，爸爸和妈妈一样高吗？

学生：不一样。

教师：对，"爸爸和妈妈不一样高"。

（给出：A 跟/和 B〈不〉一样＋形容词）

操练 ⑧ – ⑩

教师：我们看这两幅图，一个是飞机，一个是火车，哪个快，用今天学的句式怎么问呢？

学生：飞机跟/和火车一样快吗？

教师：那同学们说，一样快吗？

学生：飞机跟/和火车不一样快。

给出问句和答句。

偏误纠正 ⑪

1. “A 跟 / 和 B 一样大”，不能说“A 比 B 一样大”。

2. “热”是形容词，应放在“一样”的后面。

3–4. “A 跟 / 和 B 一样”后面应加形容词，而不能加名词。

综合强化 ⑫ – ⑱

练习 1：分两部分，根据例句，用给出的词和词组，替换画线的句子，先让全班学生两人一组问答，再让某组学生问答。此题可根据学生的实际情况适当做一些灵活替换练习，如真实的天气情况、学生的文具、两个班的人数等等。

练习 2：可让学生轮流作答。

练习 3：可给几分钟时间让学生自己改，并写出正确的句子，让几个学生分别读出全部改完的句子，教师最后给出答案。

练习 4：学生两人一组互问互答。然后找某组学生问答，答对后给出答案。教师要注意引导学生用完整的句子回答，并尽量用上两种格式。

练习 5：根据实际情况回答问题，可采用接龙问答的方式，让所有学生都问答一遍，最后，还可让学生随意提问。

要点梳理 ⑲

分别给出“A 跟 / 和 B（不）一样”和“A 跟 / 和 B（不）一样 + 形容词”，让学生说出相应的句子，然后再给出例句。

课后任务 ⑳

提醒学生注意使用“A 和 / 跟 B（不）一样”和“A 和 / 跟 B（不）一样 + 形容词”等几种形式。

相关扩展 ㉑

“……跟/和……一样”和“像……一样”都可以用来比喻，但是“像……一样”不能用来比较，“……跟/和……一样”可以。

是……的 74

教学目标 ①

学习并掌握“是……的”的四种常见用法及否定形式：

1. 主语 +(是 +) 地点 + 动词 + 的
2. 主语 +(是 +) 时间 + 动词 + 的
3. 主语 +(是 +) 跟 / 和……一起 + 动词 + 的
4. 主语 +(是 +) 方式 + 动词 + 的

导入例示 ②

教师：玛丽，你今天这件衣服真漂亮！

玛丽：谢谢！

教师：这件衣服你是在哪儿买的？

玛丽：在中国。

教师：这时可以说：“我是在中国买的。”这里的“是……的”就是我们今天要学习的语法。

【提示】也可以通过问学生“早饭是在哪儿吃的？”“书是在哪儿买的？”等导入该句式。

知识演练 ③－⑮

③ 1. 主语 +(是 +) 地点 + 动词 + 的

教师：“我是在北京买的”这个句子中，“买食品”是以前的事情，问以前动作发生的地点，可以用“是……的”。

注意：“是”有时可以省略。

（给出：主语 +〈是 +〉地点 + 动词 + 的）

④ 教师：加“不”时要在“是”的前边。

（给出：主语 + 不是 + 地点 + 动词 + 的）

注意：否定句中“是”不可以省略。

教师：问句在句尾加“吗”。

（给出：主语 +〈是〉+ 地点 + 动词 + 的 + 吗？）

注意：疑问句中“是”也可以省略。

操练 1 ⑤

教师：这些是什么？看看你桌子上，有这些东西吗？

让学生先说出 PPT 中物品的名称，然后，各自说出自己桌子上有什么物品。

最后，两人一组互问互答，问问对方的东西都是在哪儿买的。

【提示】也可以让学生接龙问答，或让学生互相猜猜这些东西是在哪儿买的。猜的过程中可以练习到否定形式。

操练 2 ⑥

教师：大卫，你是从哪国来的？

大卫：英国。

教师：想想用“是……的”应该怎么说？

大卫：我是从英国来的。

教师：你是在哪儿出生的？

大卫：我是在英国伦敦出生的。

其余学生接龙问答。

【提示】学生的名字要换成自己班级学生的。

⑦ 2. 主语 +（是 +）时间 + 动词 + 的

教师：玛丽，你这个礼物是什么时候买的？

玛丽：昨天。

教师：想想用“是……的”可以怎么说？

玛丽：我是昨天买的。

教师：对，“是……的”还可以说明过去的动作发生的时间。

（给出：主语 +〈是 +〉时间 + 动词 + 的）

让学生再读一遍例句。

【提示】要将“玛丽”替换为本班学生的名字。

操练 ⑧－⑩

（1）让学生同桌间互问互答今天的起床时间，学生根据实际情况作答。

【提示】也可以用“你是 × 点起的床吗？”接龙问答。学生若用否定形式回答的，还要用肯定形式说明自己的起床时间。教师注意提醒学生用完整的句子回答。

（2）学生根据实际情况接龙问答。

【提示】也可以用“你是什么时候开始学的汉语？”接龙问答。

（3）活动：在卡片上写下你最近买的一件东西。写好后两人一组交换，两人互相问答，询问买这件东西的时间、地点。

⑪ 3. 主语 +（是 +）跟 / 和……动词 + 的

教师：玛丽，这件衣服是在哪儿买的？

玛丽：在中国买的。

教师：你是自己一个人去的中国吗？

玛丽：不是，是和朋友一起。

教师：这时我们可以说“我是和朋友去的。”

（给出：主语 +〈是 +〉跟 / 和……动词 + 的）

操练 1 ⑫

学生两人一组，一个问，一个答。

教师：你最近逛街了吗？跟谁一起去的？

学生根据实际情况作答，可接龙问答或两人一组互问互答。

操练 2 ⑬

教师：看图，他们周末做了什么？跟谁一起做的？

让学生自由回答。

教师：很好，那你们周末做了什么呢？先说说自己周末做了什么，再说说你是和谁一起做的？

学生两人一组，根据实际情况互问互答。

⑭ **4. 主语 +(是 +) 方式 + 动词 + 的**

教师：玛丽，你去过中国，你是怎么去的？是骑自行车去的吗？

玛丽：不是。

教师：那你是——

学生：我是坐飞机去的。

（给出：主语 +〈是 +〉方式 + 动词 + 的）

操练 ⑮

教师：看图，你们一般怎么来学校？

先让学生看图试着说出这几种方式，然后再给出相应词语。

教师：很好，你今天是怎么来学校的？

学生根据实际情况轮流作答。然后让学生至少写出四个句子，分别是班里同学来学校的四种方式，如：玛丽今天是坐公共汽车来的。

【提示】可以让学生接龙问答，也可以用“你是坐公交汽车来的吗？”这种疑问形式接龙问答。

偏误纠正 ⑯ ⑰

1.“我来北京”是“去年”的事情。强调以前发生的事情的时间，应该用“是……的”句。

2.“是……的”句的肯定形式中“是”可以不用，但“的”一定要用；否定形式中“是”必须使用。

综合强化 ⑱ – ㉑

练习 1：两人一组，互问互答。第一小题教师可带着学生一起做。如：

教师：时间怎么问？地方怎么问？

学生回答正确后给出答案。

2、3 小题让学生独立完成。

【提示】教师应引导学生注意问句和答句的重音。如问句中的“什么时候”和答句中的具体时间就都要重读。

练习 2：展示照片的同学回答，其他同学提问。

【提示】上次课就要让学生准备好照片，这次可带来。最好让学生把电子版的照片课前发给教师，上课时展示谁的照片，谁就要回答大家的问题。

练习 3：指导学生尽可能运用完整的“是……的”句回答问题。

【提示】若班级人数较多，可以两人一组互问互答。

要点梳理 ㉒

先给出“主语 +(是 +) 地点 + 动词 + 的”等形式，让学生以一问一答的形式说出相应的句子，然后再给出例句。

课后任务 ㉓

提醒学生尽量用到“是……的”的几种形式。

相关扩展 ㉔

“是……的”有时只表示强调，这时不用“是” 和“的”，句子的意思不变。

主语＋把＋名词＋动词＋到/在＋地方 75

教学目标 ①

学习并掌握表示位移的“把”字句结构形式：

1. 主语＋把＋名词＋在＋地方

2. 主语＋把＋名词＋到＋地方

导入例示 ②－⑥

依次让学生说出 PPT 中各个物品的名称。

【提示】教师也可以在课前先准备好笔、手机、电脑、本子、钱包和书包等物品，问学生：“这是什么？”让学生回答。主要目的是让学生熟悉生成句子所需要的名词。

③ 教师用实物显示“把笔放在本子上”，着重强调“放”的动作。

教师：现在，请大家看，老师做什么了？（一边做动作一边说）“放”。这是“放”，老师把笔放在哪儿？

学生：本子上。

教师：对。老师把笔放在本子上。

（给出图片和例句）

【提示】教师可做其他动作，让学生说出相应的句子，如：把黑板擦放在桌子上、把某个学生的书包放在椅子上等等。

④ 教师：老师把电脑放在哪儿了？

学生：老师把电脑放在桌子上了。

⑤ 教师：老师把手机放在哪儿了？

学生：老师把手机放在钱包里了。

⑥ 教师：这是电脑。这是书包。老师把电脑放在哪儿了？

学生：老师把电脑放在书包里了。

【提示】以上几个小题，最好教师提前准备好句子中的实物，最后复习时，让学生只看教师的动作说出相应的句子。

知识演练 ⑦－⑭

教师让学生看图把前面的四个句子再说一遍。

教师：请大家看一下，这几个句子都有一个相同的字，是什么？

学生：把。

教师：像这样有“把”的句子叫“把”字句。“把笔放在本子上”这句话中，有一个东西的位置发生了变化，是“笔”还是“本子”？

学生：笔。

教师依次问完其他三个句子是什么的位置发生了变化。

教师：大家看看这些词语在这些句子里的什么地方？

学生："把"字的后边。

教师：然后是什么？

学生：放。

教师：对，"放"是动词。在动词后面是什么词？大家可以看"在本子上""在桌子上""在钱包里"，还有"在书包里"这些都是表示什么意义的？

学生：地方。

教师：对，这几个句子都是这样的——

（给出：把 + 名词 + 动词 + 在 + 地方）

教师："在"也可以说"到"，"把"的前边可以加上主语，像"老师""他"等，所以我们说"把"字句就是——

（给出：主语 + 把 + 名词 + 动词 + 在 / 到 + 地方）

操练 ⑧ - ⑭

先让学生熟悉图中的事物及词语，特别是"绳子"。

【提示】如果学生说不出来，老师可以按照讲解时的问题一个一个问学生，让学生找到相应的词及其位置，最后组成句子。

以下两个小题让学生先熟悉相关词语，然后学生依次说出自己做的句子，做对后，给出例句，齐读两遍。

教师（给出第一幅图）：这幅图怎么说？

学生：把电脑放到书包里。

教师依次给出图，让学生说出句子。

【提示】通过这几个句子进一步巩固"把"字句的结构。带着学生复习"把"字后面是名词、动词后面是地方等规则。

这几个小题让学生两人一组讨论后互问互答。

偏误纠正 ⑮

1. "把"字句中的宾语必须是说话人和听话人都知道的。
2. "把"字句中的动词后必须有别的词语。
3. "把"字句中名词位置变化的结果要放在动词的后面。

综合强化 ⑯ - ⑳

练习 1：先让学生说出图片中每一种物体的名称。如：花瓶、钱包、气球、杯子等等，然后让学生说出相应的句子。

练习 2：老师说，学生做。

教师：现在，我说，你做。×××，把你的书包放到我的桌子上。

学生把书包放到老师的桌子上。

教师：（问全体学生）××× 做什么了？

学生：他把书包放到老师的桌子上了。

【提示】教师找学生做一两个小题后可以让学生两人一组，接龙发指令，做动作。例如：

××1，把你的汉语书放在××2 的椅子上。

××2，把你的书包放在××3 的桌子上。

××3，把你的笔放在××4 的书包里。

××4，把你的本子放在××5 的椅子上。

××5，把你的辞典放在××6 的桌子里。

××6，把你的口语书放在××7 的头上。

××7，把你的手放在××8 的书包里。

练习 3：先让学生分组讨论一下，先指出为什么错了，然后再改成正确的句子。每一小题可让一两个小组来回答。待所有句子都改完后，再给出全部正确的句子，齐读一遍。

练习 4：需要放置的物品有：电脑桌、电视、沙发、床。可以放置物品的地点是：卧室、客厅。学生可以说：

把电视放在客厅里。

把床放在卧室里。

把沙发放在客厅里。

把电脑桌放在客厅里。

练习 5：

教师可以引导学生说出下面的句子。可以先问学生过圣诞节的时候都用什么装饰品，然后帮助学生说出下面的句子。

把装饰品挂在圣诞树上。

把彩灯挂在圣诞树上。

把星星挂在圣诞树上。

把雪花挂在圣诞树上。

把圣诞老人挂在圣诞树上。

要点梳理 ㉑

教师给出这类“把”字句的结构和例句，然后让学生轮流说出一个句子。每说对一个句子，全班同学就重说一遍。若说错了，就让学生试着自己改过来。教师可适时给予启发引导。

课后任务 ㉒

教师要求学生回家和中国朋友一起练习或者老师布置作业后让学生在课上说给同学听。

相关扩展 ㉓

有的“把”字句可以直接替换成非“把”字句；表示位置变化的“把”字句不可以直接替换成非“把”字句。

主语 + 把 + 名词 + 动词 + 给 + 某人 76

教学目标 ①

学习并掌握"把"字句的结构形式之一："主语 + 把 + 名词 + 动词 + 给 + 某人"。

导入例示 ②

教师：大家看这张图片，他们把花送给谁了？

学生：老师。

教师：对了。他们把花送给老师了。

【提示】还可让某个学生把书递给老师或让学生把作业交给老师等导出该句式。

知识演练 ③－⑥

教师：这两个句子中都有相同的字，是什么？

学生："把"和"给"。

教师：我们再看"把"的前面都有一个名词；"给"的前面都是动词，"给"的后面都是人。这几个句子都是——

（给出：主语 + 把 + 名词 + 动词 + 给 + 人）

操练 1 ④⑤

不必拘泥于给出的图片，可让学生自由发挥。

操练 2 ⑥

引导学生注意"没"在"把"字句中的位置。

偏误纠正 ⑦⑧

在"把"字句中"没""要"一定要放在"把"字的前边。如果有"不""能""又""已经""快要""可以""会""想""应该"等词也是这样。

综合强化 ⑨－⑳

练习 1：先让学生熟悉一下动词和图片内容，然后逐题让学生抢答。

练习 2：两人一组互问互答。

练习 3：这几个题中，"没""要""能""已经"应该放在"把"的前面。提醒学生能愿动词、否定副词和频度副词等也要放在"把"的前边。

练习 4：先给几分钟准备时间，每个人至少准备一个句子，然后接龙发指令，发指令的人指定做动作的人。

要点梳理 ㉑

教师给出这类“把”字句的结构和例句，然后让学生轮流说出一个句子。说对的，全班同学就重说一遍。若说错了，就让学生试着自己改过来。

课后任务 ㉒

学生可以根据题目的要求，发挥自己的想象力，说出下面的句子。或者老师可以要求学生写出自己都准备了哪些礼物，怎么分礼物等等。

相关扩展 ㉓ ㉔

“主语 + 把 + 名词 + 动词 + 给某人”中，名词是动词支配的对象；“主语 + 被 + 名词 + 动词 + 形容词 / 动词”中，主语是动词支配的对象。

主语 + 把 + 名词 + 动词 + 趋向补语 77

教学目标 ①

学习并掌握“把”字句的结构形式之一：“主语 + 把 + 名词 + 动词 + 趋向补语”。

导入例示 ②-⑨

② 教师：大家看左边“上、下、进、出、回、过、起”这几个词和“来、去”放在一起怎么说？

让学生读一遍。

③ 教师：这些词语前面还可以加上动词，我们看一下。

让学生集体读、个别读，熟悉这些词语。

【提示】老师也可以用动作导入。如：先准备好书包和书，做拿出书的动作，引导学生说出“拿出来”；还可以把书包放在地上，做拿起来的动作，引导学生说出“拿起来”。

④ 教师：大家看这幅图，他把书拿出来了吗？

学生：拿出来了。

教师：好，我们一起说“他把——”。

学生：他把书拿出来了。

⑤ 教师：我们看，这是行李箱。它刚才在汽车上。现在呢？拿——（教师做向下的动作）

学生：拿下来了。

教师：好，现在两人一组问答。

待学生说对后给出问答例句，齐读一遍。

⑥ 教师：他在玩积木。他把什么放上去了？

学生：他把积木放上去了。

⑦ 教师：她把球扔过去了吗？

学生：扔过去了。

教师：大家一起说，她把——

学生：她把球扔过去了。

⑧ 教师：她把谁抱起来了？

学生：她把孩子抱起来了。

⑨ 教师：她在做什么？

学生：照相。

教师：照相机里有什么？

学生：人、花、太阳。

教师：她把什么照进去了？

学生：她把太阳和花照进去了。

知识演练 ⑩－⑫

教师：（先让学生齐读一遍例句）我们看看这四个句子都有一个相同的词是什么？

学生：把。

教师：对，这种句子叫"把"字句。大家看"把"字后面是什么？动词还是名词？书、球、积木、孩子，是名词还是动词？

学生：名词。

教师：动词"拿、放、扔、抱"后面有什么？

学生：有"出来、上去、过去、起来"。

教师：好，那么这种"把"字句是这样的——

（给出：主语＋把＋名词＋动词＋趋向补语）

> **操练 ⑪ ⑫**
>
> 教师：她要把银行卡拿出来还是放进去？
>
> 待学生用完整"把"字句回答正确后给出 PPT 上的答句，再分角色读一至两遍。
>
> 【提示】因为图片动作方向不明显，所以学生说"她要把银行卡放进去"也是对的。教师最好提前准备好书包、钱包、笔袋等实物，上课表演"拿出来"和"放进去"，让学生快速说出相应的句子。
>
> 以下几个小题两人一组，尽量让学生自己根据图片说出问句和答句。教师适时对动词和趋向补语给予提示。
>
> 【提示】因为图片动作过程不明显，可以说"他要把衣服挂上去"；也可以说"他要把衣服拿下来"。

偏误纠正 ⑬－⑮

1."把"字句中，如果有"能""可以""会""想""要""应该"等和"不""没"等，都放在"把"字的前边。

2.表示地点的词应该放在"来"和"去"的前边。

3."把"字句中，有表示人或者物开始位置的词语要放在动词的前面。

综合强化 ⑯－㉝

⑯ 先让学生理解图中的内容，然后提问。若学生觉得有难度可先复习一下表示"分离"这类趋向补语的意义。如"摘下来""撕下来"等。

⑰ 如果学生不能直接说出，教师需要引导学生学习动词"举"，然后强调孩子原来在地上，现在在妈妈头上面，从低到高，配以动作，引导学生说出趋向补语"起来"。

⑱ 这个句子教师需要帮助学生了解动词加"回去"，有回到原来的地方的意思。

⑲ 教师首先要让学生知道"行李"这个词，然后帮助学生学会使用趋向补语"上去"。

⑳ 教师帮助学生理解趋向补语"出去"和"过去"的用法，"出去"是从里向外的动作，现在"球"在她手里，所以，可以说"她要把球扔出去"。"过去"是从一个地方到另一个地方，她要把球给别人，所以也可以说"她要把球扔过去"。

㉑ 教师要提示学生这幅图需要使用动词"挂"，动词后的趋向补语要使用"上去"。

㉒ 教师：这是箱子。（指在楼上搬箱子的图片）他在做什么？
学生：搬箱子。
教师：箱子原来在楼下，现在他和箱子都在楼上。这种情况我们用“把”字句怎么说？
学生：他把箱子搬上去了。

㉓ 教师利用实物一边做动作，一边帮助学生了解“戴上去”和“摘下来”。

㉔先让学生说出两幅图的内容，第一幅是他在踢球，第二幅图是表示他踢球的结果，可以用“进去”。

㉕ 因为有前面的提示句子“该回家吃饭了”，所以最好的回答应该是：“妈妈让孩子把书放回去。”

㉖ 由于前面已经有较充分的练习，所以，这三个句子可以让学生抢答，回答问题的学生要一起说出三个句子，比一比看谁说得又快又好。

㉗ 可让学生轮流作答，每人说一个句子。

㉘ 此题每幅图都要先熟悉一下图中的内容及相关词语，然后再做。
教师适时强调趋向补语“进去”是表示从外面到里面的意思。

㉙ 告诉学生在中国的 ATM 机上取钱时会听到“请输入密码”。

㉚ 教师适时强调趋向补语“出来”是表示从里面到外面的意思。

㉛ 可以强化一下动作起点应该放在“把”的前面这一规则，给出“她把钱取出来从 ATM 机里”这一偏误句，让学生修改并说明原因。

㉜ 一次性给出全部偏误句，给学生几分钟思考时间。回答时要求学生先说明哪儿错了，然后再说出正确的句子。

㉝ 可以用“请把……放进去”“请把……拿出来”“请把……放回去”“请把……拿过来”“请把……拿回去”等句子。然后教师轮流让学生给大家表演动作，学生每做完一个动作，教师就问全体同学：“他做什么了？”全体学生一起回答。
【提示】教师可先与几位学生互动，然后再让学生之间互动。

要点梳理 ㉞

老师先给出句式，然后让学生回忆学过的句子。学生每说对一个句子，大家就一起重复一次。

课后任务 ㉟

教师可以给出例句，让学生读一遍；下次课同桌比较一下两个人到家后做的事情有什么不同。

相关扩展 ㊱

时间词也应该放在“把”的前面，不能放在“把”的后面。

主语 + 把 + 名词 + 动词 + 形容词 78

教学目标 ①

学习并掌握"把"字句的结构形式之一："主语 + 把 + 名词 + 动词 + 形容词"。

导入例示 ② ③

教师：大家看这两幅图。第一幅房间怎么样？是不是很乱？很脏？再看第二幅图，这个房间打扫以后变干净了。我们可以说——我把房间打扫干净了。

教师：大家再看这两幅图。这幅图中的人在做什么？

学生：他在修自行车。

教师：再看这幅图，自行车修好了吗？

学生：修好了。

教师：对，大家一起说：他把自行车修好了。

【提示】还可用"老师把黑板擦干净了"或"同学们把书准备好了"等导入。

知识演练 ④ – ⑩

教师：大家再读一遍这两个句子。

（学生读后）教师：这两个句子都有"把"字。后面的"房间"和"自行车"是什么词？

学生：名词。

教师：动词是什么？在哪儿？

学生："打扫"和"修"，在名词的后面。

教师：我们再看，动词后面的"干净"和"好"是什么词？

学生：形容词。

教师：很好。动词后面用形容词。

（给出：主语 + 把 + 名词 + 动词 + 形容词）

> **操练 ⑤ – ⑩**
>
> 可以通过替换增加一些相关操练。PPT 第 ⑦ ⑧ 页操练中，教师要提醒学生注意"没"和"要"应放在"把"字的前边。

偏误纠正 ⑪ – ⑭

⑪ "把"字句中，"把"字后面的名词一定是说话人和听话人都知道的。改成"他把那 / 这辆自行车修好了"。

⑫ "把"字句中动词后面一定要有别的词，只有动词是不对的。

⑬ "把"字句的动词一定要能使什么发生变化。"有"不可以。

⑭ 否定副词、能愿动词等要放在“把”字的前边。

综合强化 ⑮－㉕

练习 1：学生两人一组讨论后，教师向个别小组提问。

练习 2：这道题主要是练习动词后带“光”的句子。教师可先带学生复习一下“光”作结果补语的意思。如：“酒喝光了”就是“酒都喝完了，没有了”的意思。

练习 3：提醒学生注意“没”在“把”字句中的位置。

练习 4：先让学生分组讨论一下，每一小题可让一两个小组来回答。

练习 5：此题有难度，可先分组讨论，做完后，每组做一小题。

要点梳理 ㉖

教师给出这类“把”字句的结构和例句，然后让学生轮流说出一个句子。每说对一个句子，全班同学就重说一遍。若说错了，就让学生试着自己改过来，并说明错误原因。

课后任务 ㉗

下次课同学间可互相交流一下，发现错误由同学们自己纠正。

相关扩展 ㉘㉙

“把”字句是强调动作的结果；不用“把”的句子只是说明一件事情。

受事 + 被（+ 施事）+ 动词 + 补充成分 79

教学目标 ①
学习并掌握“被”字句的结构形式及用法。

导入例示 ②
教师（边做边说）：老师把门打开了。也可以说，门被老师打开了。这就是我们要学的“被”字句。

【提示】也可以用其他方式导入，如教师给学生指令：“某同学，请把这把椅子搬到后面去”，某同学做完后，教师带领学生说出“椅子被某同学搬到后面去了”。

知识演练 ③－⑦
教师：老师打开了门，用“把”字句怎么说？

学生：老师把门打开了。

教师：用“被”字句呢？想想刚才是怎么说的？

给出例句：门被老师打开了。齐读一遍。

（给出：受事 + 被〈+ 施事〉+ 动词 + 补充成分）

教师：“受事”就是动作的对象，在这里就是“打开”的对象“门”；“施事”是发出动作的人或事物，在这个句子里就是打开门的“老师”；“打开了”是动词和结果补语。

操练 1 ④－⑥

可以先让学生说“把”字句，再说“被”字句。

操练 2 ⑦

逐题让学生说出改完的句子，亦可让学生抢答。

偏误纠正 ⑧
1. 在“被”字句中动词的对象必须是确定的，已知的。“一个包子”不清楚是哪一个，可以用“那个包子”或“我的包子”。
2. 在“被”字句中动词后面不能什么都没有，所以“批评”后面应加上“了”或加上结果“哭了”。
3. 在“被”字句中“没”和“不”要放在“被”的前面。
4. 在“被”字句中“可能”“愿意”“要”等能愿动词要放在“被”的前面。

综合强化 ⑨－⑫
练习 1：每给出一组句子，都先让学生找出它们的不同，然后再改正，并说明原句的错误原因。

练习 2：四人一组，全部做完后抢答，看哪组做得又快又好。

练习 3：两人一组讨论后完成句子，并分角色读出对话。最后可以将全班分成两大组，分角色再读一遍。

要点梳理 ⑬

给出“受事 + 被（+ 施事）+ 动词 + 补充成分”及例句，再让学生依次说一个“被”字句。

课后任务 ⑭

先让学生读一遍例句；下次课互相交流一下各自的“倒霉事”。

相关扩展 ⑮⑯

“被”后面可以有施事者，可以没有；“叫 / 让”后面一定要有施事者。

80 除了……还……/除了……都……

教学目标 ①

学习并掌握“除了”的两种常见句型：

1. 除了 A（以外），都 B

2. 除了 A（以外），还 / 也 B

导入例示 ②

教师：今天我们班谁没来？

学生：李月没来。

教师：那么，这样的情况我们可以说——除了李月以外，其他同学都来了。

【提示】其他导入方法：可以找出某一两个学生跟其他学生不同的地方，如用头发的颜色、交没交作业等导出该句式。

知识演练 ③－⑬

③ 1. 除了 A（以外），都 B

教师：我们一起来读一遍这个句子。（读后）我们每天都上课，只有周六周日不上课，我们可以怎么说？

尽量启发学生说出：

除了周六周日以外，我们每天都上课。

教师：我每天都跑步，只有下雨天不跑步，还可以怎么说？

尽量启发学生说出：

除了下雨天以外，老师每天都跑步。

教师：我们看这几个句子都是——除了 A（以外），都 B。

④ 用 PPT 图示让学生进一步理解这个句式的意义。

教师：我们看这幅图，红色部分代表 A，绿色部分代表 B，A 很少，B 很多，意思是去掉极少不一样的部分，其他都一样。

> **操练 ⑤－⑦**
>
> 教师：我们看这幅图，先读一遍这句话——教室里只有大卫一个男生。用“除了 A 以外，都 B”怎么说？
>
> 【提示】教师可启发学生“除了”后面是少的部分，“都”的后面是多的部分。
>
> 教师：看图，先读一遍给出的句子——路上只有一辆白色的车。其他的都是什么颜色的？对，红色的。那我们可以说“除了第一辆车——”
>
> 待学生说对后，给出改写后的句子。
>
> 教师：看图，科比喜欢做什么？

（给出句子：科比只喜欢打篮球。）
教师：他喜欢别的运动吗？对，不喜欢。那我们可以说“科比除了——”
待学生说对后，给出改写后的句子。

⑧ **2. 除了 A（以外），还 / 也 B**
教师：我们一起读一遍这三个句子。（读后）我们看一下这三个句子里都有什么？
学生：除了（以外）、还、也。
教师：对。这跟刚才学的“除了 A（以外），都 B”有什么不同呢？
⑨ 教师：我们看“除了 A（以外），都 B”，去掉黄色的部分后，大部分都是绿色的了。是说只有少部分不一样，其他都一样。再看“除了 A，还 / 也 B”，这里的 A 和 B 都是黄色的，A 是已知的，B 是补充的，也就是说有 A，还有 B。
⑩ 先让学生读一遍所有例句，然后让学生说说这些句子的意思，进一步理解“除了 A（以外），都 B”和“除了 A，还 / 也 B”的区别。
【提示】可以结合班级的实际情况做些扩展练习。如：
我们班除了美国人，还有日本人。
我们班除了一个日本人以外，都是美国人。
我们班除了女生以外，还有男生。
我们班除了大卫和阿里，都是女生。
以上练习请根据班级的真实情况灵活替换。

操练 ⑪－⑬
每给出一小题，都让学生依次作答，说对后再给出答案。⑪
这两个小题先让学生熟悉图片中事物的名称，再接龙回答。⑫ ⑬

偏误纠正 ⑭

1. 只有一个主语时，主语只能放在“除了”或“都”的前面，而不能放在“除了”的后面。
2. 有两个主语时，第一个主语只能放在“除了”的后面，而不能放在“除了”的前面。

综合强化 ⑮ ⑯

⑮ 给出全部待完成的句子，学生两人一组讨论后写出做好的句子，教师轮流请各小组说出完成的句子，说对的，集体重复一遍，说错的，其他小组纠正。
【提示】此题不必拘泥于答案，只要学生说得对，就要肯定。
⑯ 根据班级学生人数，至少四人一组。先互相介绍一下各自的爱好，然后每个人都用“除了 A（以外），都 B”和“除了 A，还 / 也 B”介绍一下该小组成员的爱好。如：除了大卫喜欢唱歌以外，阿里也喜欢唱歌。

要点梳理 ⑰

先给出“除了 A（以外），都 B”，让学生说出相应的句子，然后再给出例句。

再给出“除了 A，还 / 也 B”，让学生说出相应的句子，然后给出例句。

课后任务 ⑱

注意使用“除了 A（以外），都 B”“除了 A，还 / 也 B”这两种形式，下次课互相交流。

相关扩展 ⑲

“不但 A，而且 B”中，B 有时表示程度的加深，也就是递进的意思，这时不能用“除了 A，而且 B”。

教学小贴士

教师如何放权？

课堂上要做到以学生为主，教师就要放权。那么教师的哪些权力可以适时地下放给学生呢？

1. 把生词的领读权给学生。当然，对那些学生易读错的音教师应重复领读。
2. 把讲解权给学生。如在中高级阶段，让学生在预习的基础上自己讲解生词。教师根据难度和数量分配给每个学生若干个词语，提前留为作业，并做出一定的具体要求。
3. 把提问权给学生。讲解课文后，可让学生就课文内容互问互答。
4. 把纠错权给学生。对学生在表达中出现的偏误，教师应先启发学生自己改过来，也可让其他学生一起帮忙纠错。
5. 把考试权给学生。听写句子和复述等，都可让学生互相考。
6. 把发令权给学生。所有教材上习题的指令都可让学生自己读。教师自己设计的练习，可将指令事先写在纸条上或打在 PPT 上，让一个学生读，其他学生做。

越来越……/ 越……越…… 81

教学目标 ①

学习并掌握以下四种句型：

1. 主语 + 越来越 + 形容词 / 动词
2. 主语 + 越 + 动词 + 越 + 形容词 / 动词
3. 主语 + 越 + 形容词 $_1$+ 越 + 形容词 $_2$
4. 主语 $_1$+ 越 + 动词，主语 $_2$+ 越 + 形容词 / 动词

导入例示 ②

教师：第二个字怎么了？

学生：大一点儿了。

教师：第三个字呢？

学生：更大了。

教师：后面的几个字更大了，对吗？跟我读一遍："字越来越大了。"这里的"越来越……"就是我们今天要学习的语法。

知识演练 ③－⑮

③ 1. 随着时间的变化而变化

教师：我们看这两幅图片。这是 2008 年的情况，这是 2013 年的情况。车怎么样了？

学生：多了。

教师：我们可以说——（给出例句）车越来越多了。

让学生齐读一遍。

教师："多"是形容词。

（给出：主语 + 越来越 + 形容词）

操练 1 ④－⑥

教师：我们看这个表格。这是山本四次的汉语成绩。他的汉语成绩怎么样呢？我们用"越来越……"怎么说呢？

教师：这是悉尼和北京的气温。我们看看从一月到七月这两个地方有什么变化呢？

让学生读一遍给出的情境。

教师：我们想想用"越来越……"怎么说呢？

学生：我们越来越喜欢吃中国菜了。

教师：非常好，我们看这里的"喜欢"是什么词？

学生：动词。

教师：对，所以，"越来越"后面可以是形容词，也可以是动词。

（给出：主语 + 越来越 + 动词）

操练 2 ⑦

给出三个题目，先让学生读一遍问题。

学生分组讨论，写出全部答案。然后每个小组派一个代表读出各自的答案。

⑧ **2. 随着情况的发展而变化**

点击 PPT，这几个字会自动一个一个出现，并且一个比一个大。

教师：老师写的字怎么样？

学生：越来越大。

教师：对，那么我们还可以说——老师的字越写越大。好，我们一起来读一遍这个句子。

（给出：主语 + 越 + 动词 + 越 + 形容词）

教师：第一个“越”后面是动词，第二个“越”后是形容词。

操练 ⑨

点击 PPT，这三幅图片会自动依次出现。

教师：雨怎么样了？

学生：越来越大。

教师：对，（指着题目上的“主语 + 越 + 动词 + 越 + 形容词”）用这个怎么说呢？

⑩ 教师：玛丽学了一年汉语了，她越来越喜欢汉语了，我们还可以说“玛丽越学越喜欢汉语了”。好，我们一起来读一遍这个句子。

（给出：主语 + 越 + 动词 $_1$ + 越 + 动词 $_2$）

教师：注意两个“越”的后面都是动词。

操练 ⑪

让学生读一遍给出的语境及问题，提醒学生注意使用“主语 + 越 + 动词 $_1$ + 越 + 动词 $_2$”，而且，“动词 $_1$”要分别使用“看”和“想”。

学生讨论后，轮流作答，说对后教师给出参考答案，齐读两遍。

⑫ 教师：你们是不是都希望考试特别容易？也就是说考试越——

学生：考试越容易越好。

教师：买东西的时候我们希望特别便宜，也就是说东西越——

学生：东西越便宜越好。

教师：非常好，我们一起读一遍这两个句子。

（给出：主语 + 越 + 形容词 $_1$ + 越 + 形容词 $_2$）

教师：注意这两个“越”的后面都是形容词。

操练 ⑬

教师：你们觉得什么越多越好呢？看第一幅图。这是朋友。

学生：朋友越多越好。

教师：很好。我们看看第二幅图，这是时间。

学生：时间越多越好。

> 教师：最后是什么呢？
> 学生：钱越多越好。
> 【提示】可让学生自由发挥，说出自己的梦想。

⑭ 教师：开始的时候不明白，老师讲的时候，我们越来越明白了，那么我们可以说——老师越讲，我们越明白。

教师：考试的时候，老师在旁边看着你答题，你会越来越紧张，你可以告诉老师——

学生：老师越看，我越紧张。

教师：好，我们再一起读一遍这两个句子。

（给出：主语 $_1$+ 越 + 动词，主语 $_2$+ 越 + 形容词 / 动词）

> **操练 ⑮**
> 学生每做对一道题，都要全体重复一遍。最后教师给出全部答案，再齐读一遍。

偏误纠正 ⑯

1.“越来越……”本身就表示程度加深，所以它后面的形容词不能再受其他程度副词的修饰。

2. 副词“越”要放在主语的后面。

3.“越来越……”的后面一般加形容词或心理动词，不可加一般动词。

综合强化 ⑰－⑲

练习 1：学生每做对一道题，都要再读一遍。最后让同学们看答案位置的规律性，进一步强化“越……越……”这个语法点的规则。

练习 2：可将班级学生分为两组，看哪个组说出的句子又快又多。

他越来越高。

他越长越高。

他越长越胖。

他越来越聪明。……

练习 3：学生自己改，并说明理由。每改对一题后再给出正确的句子，齐读一遍。

要点梳理 ⑳

每给出一种句型，都尽量让学生多说出一些相应的句子。

课后任务 ㉑

写一篇短文，尽量多用“越来越……”或“越……越……”。

相关扩展 ㉒

“越来越”后如果是动词，那么只能是心理动词，比如“想、喜欢、爱”等，不能是一般动词，比如“走、跑、跳”等。

一边……，一边…… 82

教学目标 ①

1. 了解并掌握 “一边……，一边……” 的用法
2. 了解 “一边……，一边……” 和 “又……又……” 的区别，并能正确使用

导入例示 ②

教师：大家看这幅图片，她在做什么？对，她在喝咖啡，她在听音乐。

知识演练 ③－⑨

教师：她在听音乐，也在喝咖啡，这时候我们常常这样说——

她一边听音乐，一边喝咖啡。

（给出：主语一边……，一边……）

操练 1 ④－⑥

此题较容易，可让学生抢答。

教师：当一个主语时，“一边……，一边……”可以说成“边……，边……”。“一边跑，一边喊”可以说“边跑边喊”。

【提示】可以让学生把 P-4-5 的练习答案用“边……，边……”再改说一遍。

操练 2 ⑦－⑨

教师：老师在讲课，学生在记笔记，这时候我们可以说——

老师一边讲，学生一边记。

（给出：主语 $_1$+ 一边……，主语 $_2$+ 一边……）

【提示】要让学生注意用两个主语及其正确的位置。

偏误纠正 ⑩ ⑪

1. “一边……，一边……” 不能用于两种状态或性质同时存在。
2. 主语、否定副词、能愿动词都要放在 “一边” 的前面。
3. “边……，边……” 只能用于同一主语情况下。

综合强化 ⑫－⑭

练习 1：首先让学生准备几分钟，再依次回答。

练习 2：学生两人一组互问互答，各小组轮流说一遍。

练习 3：提醒学生写出的指令应该能在课堂上表演出来。

【提示】学生在回答的过程中，教师应提醒学生使用完整句子回答。

要点梳理 ⑮

每给出一种用法，都让学生先说说相应的句子，待学生说出几个句子后，再给出例句，齐读一遍。

课后任务⑯

让学生写出 3 个以上的句子，下次课同桌交流一下。

【提示】布置作业时老师可以用自己的经历启发学生。

相关扩展 ⑰ ⑱

“又……，又……”可以连接两个形容词或非同时进行的两个动作，而“一边……，一边……”不可以。

因为……，所以…… 83

教学目标 ①

1. 了解掌握关联词语“因为……，所以……”的用法
2. 了解“由于……，因此……”的用法，并能正确使用

导入例示 ②

教师：这两个小孩正在外边堆雪人，不下雪，没有雪，能堆雪人吗？

学生：不能。

教师：对。下雪了，他们就可以堆雪人了。我们可以这样说“因为下雪了，所以可以堆雪人了”。

知识演练 ③－⑩

教师：我们看一下，她为什么能堆雪人？因为下雪了。“因为”后边是原因，“所以”后边是结果。（给出：因为 A〈原因〉，所以 B〈结果〉）

> **操练 ④－⑦**
>
> 由于该题很简单，教师最好让平时不爱发言的学生来做，做对后及时鼓励。
>
> 【提示】需要强调的是：当全句只有一个主语的时候，“因为”在主语前、后都可以。当前后分句用不同的主语的时候，“因为”在句首。

⑧ 教师：我们看这个句子。大家读一下。（读完提问）这个句子跟前边的句子有什么不一样？对，结果在前边，原因在后边。你们看后边有“因为”，前边有“所以”吗？

学生：没有。

教师：是的，结果在前边时，“所以”不用说出来。

> **操练 ⑨**
>
> 学生轮流说出自己的答案，答得好的让学生齐读一遍。
>
> **辨析 ⑩**
>
> 1. “因为……，所以……”和“由于……，所以……”都可以。
> 2. “由于……，因此……”可以；“因为……，因此……”不可以。
> 3. “由于……的原因”可以；“因为……的原因”不可以。
>
> 【提示】教师可告诉学生记住后面两个规则的窍门，不能同时出现两个“因”，所以，“因为”和“因此”、“因为”和“原因”不能在一起。

偏误纠正 ⑪

1. 当两个分句主语不同时，“因为”要放在主语的前边。
2. “因为”不能与“……的原因”搭配，“由于”可以。
3. “因为”不能与“因此”搭配，“由于”可以。

综合强化 ⑫-⑭

练习 1：若“因为”“所以”的位置错了，教师可适当提示，主要是主语的数量问题。

练习 2：可以两人一组。做完后各小组轮流说出答案，只要语法正确，就再齐读一遍。回答完毕后，再给出 PPT 上的答案。

练习 3：教师不要急于给出答案，应给学生充分的思考时间，引导他们自己分析得出正确的结论。学生说对后再齐读一遍正确的句子。

要点梳理 ⑮

每给出一种结构形式及规则，都让学生尽量多说出一些相应的句子。最后，把所有例句再齐读一遍。

课后任务 ⑯

每个题都要写出答案，下次课学生间可就这四个问题互问互答。

相关扩展 ⑰

“……之所以……，是因为……”是结果在前、原因在后的表达形式，而且常用于书面语。

既然……，就……　84

教学目标 ①

掌握“既然……，就……”的意义及用法。

导入例示 ②

小林：田中，这道题太难了！

田中：你问问老师吧。

教师：田中还可以这样说“既然你不会，就问问老师吧”。

【提示】其他导入方法：早上，女儿说身体不舒服，妈妈说“既然你身体不舒服，就别去上课了”。

知识演练 ③－⑦

③ 教师：“既然”后面是事实，“就”后面加说话人的想法——应该怎样或不该怎样。

（给出：既然 A〈事实〉，就 B〈看法、建议〉）

④ 教师：我们还可以说“既然你不会，为什么不问问老师呢？”意思也是你应该问问老师。

（给出：认为他应该问问老师）

【提示】可以适当扩展，若知道某个学生有某项技能，唱歌、跳舞等，可以说“既然你唱歌唱得特别好，就给大家唱一首吧”或“既然你唱得特别好，怎么不给大家唱一首呢？”

操练 ⑤⑥

这两个小题有难度，可先分小组讨论一下，提醒学生要做出两种句子。一个是陈述句，一个是反问句。最后逐个小组展示答案，看看哪组做得最好。

⑦“既然……，就……”与“因为……，所以……”的比较。

教师：我们读一遍这两个句子，先看第一个句子，玛丽知道田中病了，对田中说：“既然你病了，就在家休息吧。”再看第二个句子，到了学校之后，老师发现田中没来，就问“田中为什么没来？”玛丽回答说：“因为他病了，所以没来上课。”

（教师问学生两个句子意思有什么不同）

教师：对，“既然……，就……”表明对一件已经发生的事情的看法；“因为……，所以……”用来解释已经发生的事情的原因。

偏误纠正 ⑧

1. 当两个分句主语不同时，第一个主语应在“既然”的后面。
2. 当两个分句主语相同时，主语在“既然”前后皆可，但一般不可置于第二个分句前。

综合强化 ⑨－⑬

练习 1：教师可先带着学生再复习一下 “既然 A，就 B”与“因为 A，所以 B”的区别，然后让学生轮流作答。

【提示】1. 不要拘泥于答案，只要学生说得对，就要肯定，并让全体学生再重复一遍。2. 尽量让学生用陈述句和反问句两种形式完成句子。

练习 2：让学生自己改，并说明原句错误的原因。

【提示】1. 先改成正确的陈述句，每改对一题后读一遍；2. 再要求学生用反问句修改全部句子，并写下来，交给老师；3. 教师带领学生每个句子都用两种形式说一至两遍。

练习 3：两人一组，完成后分角色读出来。待做完后，给出答案，将全班分成两大组，互换角色再读一遍。

练习 4：让学生全部做完后抢答。

练习 5：提醒学生要做出四个句子。可以互相讨论，待学生说对后，再给出参考答案。

要点梳理 ⑭

请学生读一遍四个例句，然后启发学生说出每一个句子的意思及相应的规则，说完后，再给出知识要点。

【提示】最后两个句子，可先让学生比较一下，启发他们看看主语数量有什么不同，主语的位置有什么不同。

课后任务 ⑮

下次课检查作业时要注意：

1. 一定要让学生把写好的作业都交上来后再做课上练习，不能看着自己写好的答案说。主要考查学生是否真正掌握了这个语法点。

2. 先做完陈述句，再做反问句。让学生轮流作答，若后面的学生与前面的学生答案完全相同，就做下一题。

相关扩展 ⑯

在“既然……，就……”的句式中，第二分句“就”前有时可以加“那么”，意思不变。

先……，再 / 然后…… 85

教学目标 ①

学习并掌握“先……，再 / 然后……”的意义及用法。

导入例示 ②

教师：你一般几点吃早饭？吃完早饭做什么？

学生：7 点吃早饭，吃完早饭去学校。

教师：我们可以说“我起床后先吃早饭，然后（再）去学校”。

【提示】1.“先”“然后”“再”等关键词要重读。2. 其他导入方法：由问学生“下课以后做什么？”导出“先吃饭，然后回宿舍”和“先吃饭，再回宿舍”。

知识演练 ③－⑤

教师：“玛丽十二点吃午饭，十二点半回宿舍”，我们可以说“玛丽先吃午饭然后回宿舍”，还可以说“玛丽先吃午饭再回宿舍”。

（给出：先＋动作 $_1$，然后 / 再＋动作 $_2$）

操练 ④⑤

教师：我们先看图，他回家时——

引导学生说出两种正确答案再齐读两遍。

【提示】启发学生时教师可指着“先”“然后”“再”这些词语。

教师：今天有同学过生日，我们六点半吃饭，七点半唱歌，用一句话怎么说？

学生说对后给出答案，让学生再读一至两遍。

偏误纠正 ⑥

1.“再”表示未发生的事情，不能与表完成的“了”同时使用。

2.“先”是副词，应该放在主语后面。

综合强化 ⑦⑧

练习 1：两人一组，做完后抢答，学生回答正确后，教师给出正确答案，全班齐读一遍。

练习 2：教师可以随机就某个学生的回答向其他学生提问，例如：他说他今天下课以后，做什么？

要点梳理 ⑨

先给出结构形式“先＋动作 $_1$，再 / 然后＋动作 $_2$”和图片，让学生根据图片说句子。说对后给出正确句子。

【提示】可适当扩展，教师问学生“今天下课以后，你们做什么？”要求一定用“先＋动作 $_1$

然后 / 再 + 动作$_2$”，依次说一遍。

课后任务 ⑩

让学生尽量多准备一些指令。下次课学生接龙发指令，听到指令的人要先做相应的动作，再向他人发出自己准备的指令。

相关扩展 ⑪

“先……，再……”用于未然的情况；“先……，又……”用于已然的情况。

教学小贴士

怎样高效利用课上时间？

1. 不要等迟到的学生。
2. 提前调试好教学设备。
3. 尽量不占用上课时间发作业。
4. 费时费力的习题应布置为课后作业。
5. 简单知识点不必反复操练。
6. 对学生发言的时间事先限定好。
7. 力争用最短时间讲明白新知。
8. 每句话都应是学生能听懂的。
9. 不要聊一些跟学习内容毫不相干的闲话。
10. 充分利用每节课的剩余时间。

86 不是……，就是……

教学目标 ①

使学生理解“不是……，就是……”的含义，并能正确使用这一句式。

导入例示 ②

教师：下节是什么课？有的同学说是口语课，有的同学说是听力课，如果一定是它们两个中的一个，可以这样说——

（给出：不是口语课就是听力课。）

教师：这里的“不是……，就是……”就是我们今天要学习的语法。

【提示】还可以问同学此刻他们的某个家人可能在做什么，引出该句式。

知识演练 ③－⑦

教师：请大家齐读这个句子。口语课和听力课都是什么词？对，都是名词。

（给出：不是＋名词，就是＋名词）

教师：请大家再读一遍这个句子——周末她不是逛街，就是看电影。这里的“逛街”和“看电影”都是什么词？对，都是动词。

（给出：不是＋动词，就是＋动词）

教师：我们读最后一个句子，“冷”和“热”是什么词？对，都是形容词。

（给出：不是＋形容词，就是＋形容词）

教师：请大家注意，一定是 A 和 B 中的一个时，我们才可以使用这个句子。

操练 ④－⑦

可让学生两人一组完成，然后一个说原句，一个说改写后的句子。此外，要问问学生“不是”和“就是”后面是什么词语，以加深学生对这一句式用法的理解。

答案：（1）动词；（2）名词；（3）动词；（4）形容词。

偏误纠正 ⑧

“不是 A，就是 B”这一句式中，A 与 B 必须是同类的。

两个题的错误都在于：A 和 B 不是同类的。

综合强化 ⑨－⑬

以下各题可让学生依次回答，每答对一题，都让其他学生再重复一遍。

要点梳理 ⑭

给出句式，请学生尽可能多说出一些相应的句子。

课后任务 ⑮

尽量在这一句式的 A、B 位置使用各种词性的词语。下次课同学间互相交流一下。

相关扩展 ⑯

“不是 A，就是 B”一定是 A 或 B 中的一个，而“或者 A，或者 B”可以是 A 和 B，也可以是其他。

教学小贴士

常见的词语练习题型有哪些？

1. 听写含有所操练词语的句子。
2. 用含有所操练词语的句子提问。
3. 用指定词语回答问题。

   A：你身体不舒服，还去上课吗？ B：______。（请假）
4. 用指定词语完成句子。

   你这个手机很难修好了，不如______。（买）
5. 列举可以与该词语组合的其他词语。
6. 选词填空。

   （1）选择合适的词语填入句子中。

   回来　回去　下来　下去　进来　进去

   我们走______一看，饭店里的人太多了。

   你个儿高，帮我把柜子上的箱子拿______。

   我今天去书店买______很多汉语书。

   （2）我从小就特别______打针。

   A. 恐怕　B. 怕　C. 担心　D. 吓
7. 用指定词语造句。
8. 用汉语解释词语的意思。
9. 由意思猜相应词语。

   在商店买东西的人——（顾客）

   坐车的人——（乘客）
10. 利用图片、实物等复习生词。可以举起某一图片或实物，让学生快速说出相应的词语；还可以说出某个词语，让学生快速找出相应的卡片或实物。
11. 修改用词不当的句子。如“这件衣服很合适你”。
12. 选择与有下划线的词语意义最相近的词语。

    我们学校的学生已逾万人。

    A. 左右　B. 大约　C. 几乎　D. 超过

87 宁可……，也……

教学目标 ①

学习并掌握“宁可……，也……”的两种表达形式及用法：

1. 宁可……，也不……
2. 宁可……，也要……

导入例示 ②

教师：自己做饭觉得太麻烦，去食堂吃饭得排队，你都不喜欢，但它们互相比较，你想选择哪个呢？

学生 1：自己做。

学生 2：去食堂。

教师：这种情况下怎么说更好呢？

【提示】其他导入方法：可由两种来学校的方式导入，如：“走着来”和“骑车来”。

知识演练 ③－⑪

③ 1. 宁可……，也不……

教师：大家一起读一遍这两个句子。如果我们选择自己做饭，可以说“我宁可自己做饭，也不去食堂排队”。如果我们选择去食堂吃饭，可以说“我宁可去食堂排队，也不自己做饭”。大家看，前面这件事是不愿意做的事情，但是后面这件事是更不愿意做的事情。

（给出：1. 宁可……，也不……）

> **操练 ④－⑥**
>
> 这几个小题提醒学生要根据自己的真实想法说句子。找学生个别回答，说对后，谁同意他的想法就再重复说一遍。其他学生要一起说出相反的句子。

⑦⑧ 2. 宁可……，也要……

教师：早上睡懒觉的话，就会迟到，但是还是想睡懒觉，这种情况我们怎么说呢？

教师：迟到是一件不好的事情，但是我们愿意做的事情是睡懒觉，所以我们说“我宁可迟到，也要睡懒觉”。大家跟我说一遍。

（给出：2. 宁可……，也要……）

教师：意思是明明知道自己选择的结果不好，但还是要这样做。

> **操练 ⑨－⑪**
>
> 第一小题可在教师引导启发下完成。
>
> 教师：大家再看看表，这是晚上几点了？
>
> 学生：三点零五分。
>
> 教师：对，已经很晚了，他还在写作业。不睡觉这件事好不好？

学生：不好。

教师：对，不睡觉对身体很不好。但是他还是要写完作业。那我们用“宁可……，也要……”怎么说？

【提示】第二、三小题由学生自己完成。若学生做起来有难度，要提示学生“宁可”后是不好的事情，所以，“借钱”“饿死”一定在“宁可”的后面。

偏误纠正 ⑫

“睡觉”是愿意的事情，不能放在“宁可……，也不……”这个句式里。

综合强化 ⑬－⑮

练习 1：学生分组讨论，全部填完后，教师再逐题让各小组轮流回答。填错的，启发学生自己纠正，最后给出全部答案。

练习 2：学生两人一组讨论，给出 B 句。然后逐题以小组为单位抢答。

要点梳理 ⑯

先给出“宁可……，也不……”，让学生说出相应的句子，学生每说对一个句子，其他学生要重复一遍。再给出“宁可……，也要……”，复习方式同上。

【提示】教师对两个句式的语义区别要予以强调。

课后任务 ⑰

让学生读一遍例句；作业下节课要全班分享一下。

相关扩展 ⑱

“宁可”可替换为“宁愿”，意义相同。

如果（要是）……，就…… 88

教学目标 ①

1. 了解并掌握“如果……，就……”的用法
2. 了解“如果……，就……”和“要是……（的话），就……”的区别，并能正确使用

导入例示 ②

教师：大家猜猜，她在想什么？（让学生自由想象说一说）我觉得他可能在想，如果明天天气好，他就去打球。

知识演练 ③－⑨

教师：明天天气好不好，他现在知道吗？对，不知道，是想到的条件。那么“我去打球”了吗？对，还没有，只是一个打算。这时候我们常常用——

（给出：如果……，就……）

操练 ④－⑧

待学生根据所给图片内容回答正确后再鼓励学生接龙说出不同的后半句，只要正确即可。

教师：我们看这几个句子。大家读一下。（读完）句1和句2有什么不同？对，“如果”的位置不同，但都对。再看句3和句4呢？没用“如果”，用了“要是……的话”和“……的话”，但意思和用“如果”是一样的。不过，“（如果/要是）……的话”口语中更常用。

操练 ⑨

该练习难度不大，可让学生抢答。

偏误纠正 ⑩

1. 副词“就”的位置一定在主语后边，不能出现在主语的前边。
2. “如果……，就……”可以省略“如果”，但一般不可省略“就”。

综合强化 ⑪⑫

练习1：分组讨论，比一比哪组做出的句子又多又好。最后再给出PPT上的答案。

练习2：学生可随意发挥，若说出好句子，让其他学生再重复一遍。

【提示】学生在回答的过程中，教师应提醒学生使用完整句子回答。

要点梳理 ⑬

每给出一种用法，都让学生先说说相应的句子，待学生说出几个句子后，再给出例句，齐读一遍。

关于关联词语的位置，应先给出例句，问问学生对不对，再给出规则。

课后任务 ⑭

让学生写出 5 个以上的句子，下次交流一下。

【提示】教师在布置作业时，可启发学生："你们想一想，我们现在生活离不开什么？如果我们不保护环境，可能以后会怎么样？"

相关扩展 ⑮

"如果"也可以用在后一分句，句尾常有"……的话"。

不但……，而且…… 89

教学目标 ①

了解并掌握关联词语“不但……，而且……”的用法：

1. 有一个主语的时候，主语在“不但”前边

2. 有两个不同的主语时，主语分别在“不但、而且”后边

导入例示 ②

教师：大家看这个小女孩穿的裙子怎么样？对了，很漂亮。这条裙子的价格怎么样？对了，也很便宜。

这条裙子很漂亮，这条裙子也很便宜。

给出第一个例句。

教师：那么，这两句话用一句话怎么说呢？

给出第二个例句。

【提示】其他导入方法：可以由“我们的教室怎么样（干净 / 明亮）”导入。

知识演练 ③－⑪

教师：我们再读一遍。你们看看“不但、而且”的后边是什么词？对，是形容词。

（给出：**1. 主语＋不但＋形容词$_1$，而且＋形容词$_2$**）

> **操练 ④**
>
> 可由学生集体回答，再齐读一遍即可。
>
> 【提示】可以做适当的巩固练习，给出提示词语，让学生说句子。如：
>
> 1. 有一本汉语书，很容易，也很有意思。
>
> 2. 坐飞机很快，也很舒服。

⑤ 教师：我们看看这个人是谁？他会什么？对，会唱歌，也会跳舞。（给出句子）好，我们一起读一遍这个句子。（读完后）大家看看，“不但、而且”的后边是什么词？对，是动词。

（给出：**2. 主语＋不但＋动词$_1$，而且＋动词$_2$**）

> **操练 ⑥**
>
> 可以让学生抢答。
>
> 【提示】可以适当扩展，同桌之间互问对方会做什么，然后用“主语＋不但＋动词$_1$，而且＋动词$_2$”向全班同学介绍一下同桌的爱好或技能。

⑦ 教师：我们一起读一遍这个句子。“这个地方不但风景美，而且人也很热情”。我们看看“不但、而且”后边是什么词啊？对，不是词，是一个小句。

（给出：**3. 主语＋不但＋小句$_1$，而且＋小句$_2$**）

操练 1 ⑧ - ⑩

这三个小题先引导学生把两个小句说出来，然后再用“不但……，而且……”说出完整的句子。

【提示】可适当做一些巩固练习，可以让学生想想班级里爱好特长相同的人，如：两个人都常常打篮球；两个人汉字写得都很漂亮等等。

操练 2 ⑪

学生两人一组讨论一下，然后抢答，说出两组句子的不同。

偏误纠正 ⑫

当“不但……，而且……”两个分句的主语相同时，“不但”放在主语的后面；当两个分句的主语不同时，“不但”放在第一个主语的前面。

综合强化 ⑬ - ⑯

练习 1：学生做完后抢答，答对后给出答案，齐读两遍。

练习 2：该练习可采用分组比赛的形式完成，先给一定的讨论时间。要求学生把所有做好的句子写出来，做完后马上交给老师，教师按做完的先后顺序让每个组派代表读一遍自己小组做好的句子，让大家评出做得又快又好的一组。

练习 3：该练习主要强化学生对于有一个主语和两个主语时“不但”的位置变化的掌握。教师可以先问学生一个主语和两个主语“不但”的位置有什么不同，然后让学生轮流读出填好的句子。

练习 4：可分组讨论后抢答，直至学生答对后再给出正确答案。

要点梳理 ⑰

教师：我们今天学习的“不但……，而且……”后边可以用哪些词啊？一个主语的时候怎么说？两个主语的时候怎么说？

一边引导学生总结，一边展示结构形式及例句。

课后任务 ⑱

提醒学生最好能用到“不但……，而且……”的多种形式，下次课可以跟同学交流一下。

相关扩展 ⑲

前后分句主语相同时，“不但……，还……”和“不但……，也……”都成立；但前后分句主语不同时，只能用“不但……，也……”。

90 无论……，都……

教学目标 ①

使学生掌握“无论……，都……”的含义，并能正确使用这一句式。

导入例示 ②

教师：他们每天锻炼身体，现在要考试了，别人都不去锻炼了，可他们还是坚持每天锻炼身体。这种情况我们可以这样说——（给出下页句子）

【提示】其他导入方法：他每天都来上课，天气特别不好时也一定来上课，可以导出“无论天气怎样，他都来上课”。

知识演练 ③－⑥

请学生齐读一遍三个例句。

教师：请大家看第一个句子，一起读一下“无论”后面的词语。

（给出：无论＋多 / 多么 / 怎么，都……）

教师：大家看第二个句子，一起读一下“无论”后面的词语。

（给出：无论＋动词＋不＋动词，都……）

教师：除了动词之外，“无论”后面还可以加形容词，大家看第三个句子，“忙”是形容词。

（给出：无论＋形容词＋不＋形容词，都……）

④ 先让学生把例句都读一遍，再让学生读一遍句中的疑问代词——“哪儿”“谁”“什么”。

> **操练 ⑤⑥**
>
> 三个人一组讨论，用“无论……，都……”的三种形式各说一个句子。做好后抢答，每人说一个句子。最后看哪组做得又快又好。

偏误纠正 ⑦

“无论”后面必须是“动词（形容词）＋不＋动词（形容词）”“疑问代词（比如：多、多么等）”或“A 还是 B”的形式，否则这个句子是不成立的。

综合强化 ⑧－⑫

练习 1：让学生独立完成，完成后让学生依次说一个句子，并强调前后小句表达的意义是相反的。

练习 2：请学生逐题抢答，答对后给出答案。

练习 3：让学生读一遍给出的情境提示，然后三人一组讨论，做完后，每人读一个句子。

要点梳理 ⑬

给出三个句子，问学生对“无论”后面有什么特别的要求。最后，教师再次强调，“无论 A，都 B”的意义是，在任何情况下，结果都不会改变，即 A 不能改变 B。

课后任务 ⑭

第一小题下次课交给老师；第二小题下次课同学们互相交流一下。

相关扩展 ⑮

“无论”后有时也可以用“A 还是 B”的形式。

教学小贴士

怎样营造轻松愉悦的课堂氛围？

1. 要让学生尽快熟悉你，在让学生做自我介绍时，教师也应该做一个简单的自我介绍，可以让学生当记者向老师发问。
2. 要面带笑容，亲切自然，富于热情和活力。
3. 要尽快记住每个学生的名字。
4. 要让学生间尽快建立起良好的互学互助关系。座位可一周或半个月调换一次。分组练习和讨论时，最好轮流换组员。
5. 要热爱每一个学生，对学生一视同仁。不要表现出对某个学生特别的喜爱或厌恶。
6. 要给学生均等的发言和表现的机会。
7. 要真诚赞美学生，常常进行有效的表扬。
8. 批评学生要注意方式方法，不可过于严厉。
9. 要耐心倾听，不要随意打断学生的发言。
10. 要善于制造幽默。

即使……，也…… 91

教学目标 ①
使学生掌握“即使 A，也 B”的意义用法。

导入例示 ②
教师：如果明天下大雨，你们能来上课吗？

学生：能来。

教师：这时，你们可以说：“即使下大雨，我们也能来上课。”“即使 A，也 B”就是今天我们要学习的内容。

【提示】也可用“即使没有钱，我们也可以帮助别人”“即使学习忙，也应该运动”等导入。

知识演练 ③－⑦
教师：下大雨很不方便，但是大家想要学习汉语，所以还是会来上课。（给出：即使 A，也 B）

教师：A 是可能出现的对 B 不利的情况，但是 B 不会变。

操练 1 ④

此题难度不大，可直接让学生抢答。

操练 2 ⑤－⑦

让学生分组讨论，最好启发学生每幅图做出两个以上的句子，然后比一比哪组做得又多又好。

偏误纠正 ⑧
两个主语一样时，可以省略第一个主语；两个主语不同时，使用“即使＋主语$_1$+A，主语$_2$+也B”的格式。

教师强调主语数量不同时，主语的位置也不同。

综合强化 ⑨ ⑩
练习 1 两人一组，做完后一人读出情景提示，一人说完成的句子。

可给学生一定的时间，让学生将此题全部做完后，轮流作答。

要点梳理 ⑪ 给出例句及规则，再让学生多说几个相应的句子。

课后任务 ⑫ 提醒学生注意“即使 A，也 B”的使用规则。

相关扩展 ⑬ ⑭
“即使 A，也 B”两个分句之间是转折关系。前后的意思是相反的；“如果 A，就 B”这两个分句间的意思是一致的。

92 虽然……，但是……

教学目标 ①

了解并掌握关联词语“虽然……，但是……”的用法：

1.“虽然”可以在主语的前、后，“但是”只能用于句首

2. 但是≈可是，“可是”语气较轻；“却”要在主语后

导入例示 ②

教师：大家看有一个人在说什么？对了，他说“忙死了！”可是他做什么呢？对，还在玩儿。可以说“虽然他很忙，但是还想玩儿”。

知识演练 ③ – ⑧

教师：你们看看“虽然、但是”的后边是什么？对，是两个小句，两件事。意思是——（给出：前边的事不影响后边的事）

> **操练 ④ – ⑥**
>
> 此题较简单，可采用抢答的方式，答对后再齐读一遍。

⑦ 给出例句，让学生注意“却”的位置及意义。

⑧ 教师：我们一起读第一组句子。（读完）“虽然”在哪儿？意思一样不一样？“可是”的意思跟“但是”一样吗？

我们再看第二组句子，看看“却”应该在哪儿？跟“但是、可是”有什么不一样？

【提示】先引导学生自己观察和分析，最后再给出 PPT 上的三条结论。

偏误纠正 ⑨

“却”是副词，应当放在主语的后面；“可是”是连词，应当放在主语的前面。

综合强化 ⑩ – ⑫

练习 1：逐一给出小题，学生轮流作答。

【提示】如果两个小句主语是一个，改写后的句子，只用一个主语即可。

练习 2：可采用自愿抢答的方式，提醒学生注意“却”的位置。

练习 3：可分组讨论，看哪组做出的句子又多又好。

要点梳理 ⑬

教师：我们今天学习的“虽然……，但是 / 可是……，却……”，“虽然”可以在什么位置？“但是”必须在什么位置？“却”一定放在哪儿？

一边引导学生总结，一边展示规则及例句。

课后任务 ⑭

教师提醒学生也要使用“却”，可以给学生举几个例子，如:

我的房间虽然不大，但是却很干净。

他虽然个子很高，却不会打篮球。

北京虽然很美，但是人却太多了。

下次课可互相交流一下，好的句子教师让学生集体重复一下。

相关扩展 ⑮

“虽然”有时也可用在后一分句，此时，前一分句不能用“但是、可是”等词语。

93 ……了……（就）……

教学目标 ①

了解并掌握以下两种句式的意义和用法：

1. 主语 + 动词 + 了 + 名词 + 就 / 再 + 动词短语（未发生）
2. 主语 + 动词 + 了 + 名词 + 就 + 动词短语 + 了（已经发生）

导入例示 ②

教师：你们吃完早饭以后做什么？

学生：去上课。

教师：用一句话怎么说呢？

学生：吃完早饭以后去上课。

教师：还有一种说法，就是——同学们吃了早饭就 / 再去上课。

【提示】其他导入方法：可以问学生下了课做什么。

知识演练 ③－⑥

教师：同学们吃了早饭就 / 再去上课。现在去没去？

学生：还没去。

教师：再读一下这个句子“同学们吃了早饭就去上课了”。去没去呢？

学生：已经去了。

教师：对，句末有“了”时说明事情已经发生了。

【提示】关于“就、再”的区别，可以结合例句给学生简要讲解。“同学们吃了早饭就去上课”强调的是两件事情紧接着发生；“同学们吃了早饭再去上课”强调的是先后顺序：先吃早饭，然后去上课。

操练 1 ④

让学生先说说左边的孩子在做什么、右边的孩子在做什么。

操练 2 ⑤

两人一组完成互问互答后，教师再叫几组面向全班轮流问答。

操练 3 ⑥

教师要提醒学生句尾用“了”，因为他现在已经去踢足球了。

偏误纠正 ⑦

1. 在“主语 + 动词 + 了 + 名词 + 就 / 再 + 动词短语（+ 了）”这个句式中，第一个“了”一定要放在动词和宾语之间。
2. 说明计划或打算时，句末不用“了”。但如果事情已经发生时，句末一定用“了”。

综合强化 ⑧ ⑨

练习 1：该练习要提醒学生注意“了”的位置和意义。

练习 2：两人一组，先写下做好的句子，一个句末加“了”，一个句末不加“了”。然后，各小组轮流说出一个句子的两种形式。

要点梳理 ⑩

教师分别给出两种结构形式，让学生回忆这节课学过的相应的句子，并强调这两种结构形式的差别。

课后任务 ⑪

让学生读一遍例句；下次课汇报调查及比较的结果。

相关扩展 ⑫

“……了……就……”也可以说成“一……就……”。

注意：用“……了……就……”的句子，“了”要在第一个动词后，若是离合词，“了”要插入离合词中间；“一”要用在第一个动词前。

图书在版编目(CIP)数据

汉语语法教学课件设计100例/赵俊峰主编.—北京：商务印书馆，2016(2017.2重印)
ISBN 978-7-100-11412-7

Ⅰ.①汉… Ⅱ.①赵… Ⅲ.①汉语—语法—对外汉语教学—多媒体课件 Ⅳ.①H195.3-39

中国版本图书馆CIP数据核字(2015)第147091号

汉语语法教学课件设计100例
赵俊峰 主编

商 务 印 书 馆 出 版
(北京王府井大街36号 邮政编码100710)
商 务 印 书 馆 发 行
北京中科印刷有限公司印刷
ISBN 978-7-100-11412-7

2016年8月第1版　开本880×1230 1/16
2017年2月北京第2次印刷　印张13¾
定价：93.00元